郑永年论中国

中国崛起
重估亚洲价值观

郑永年　著

東方出版社

目录

Contents

001 **序言 “中国特色”与亚洲价值观**

013 **第一章 从东方专制主义到亚洲价值观**

015 一、被西方“发明”出的“东方专制主义”

021 二、亚洲价值是亚洲国家落后的根本原因吗？

027 三、亚洲价值观：西方价值之外的另一种选择？

033 **第二章 西方与“东方专制主义”**

035 一、“亚洲”的地理概念与文化概念

040 二、儒家价值体系等于“东方专制主义”？

049 **第三章 “东方专制主义”在西方的起源和演变**

055 一、马克思：“亚细亚生产方式”导致“东方专制主义”

058 二、韦伯：儒教阻碍资本主义在中国产生

067 三、维特福格："水利社会"是东方专制主义制度基础

073 **第四章 亚洲的崛起和"亚洲价值观"的争论**

075 一、东亚"经济奇迹"促成亚洲价值观的诞生

083 二、儒家价值观是东亚"经济奇迹"的根源吗？

087 三、亚洲价值观背后的东西方政治冲突

093 四、基于亚洲经验的亚洲价值观：政府在社会建设中的关键作用

101 五、东亚经济体的新变化以及亚洲价值观的载体转移

107 **第五章 亚洲要对西方的经济政治制度做重新反思**

111 一、西方经济秩序困境：经济结构失衡

117 二、西方政治秩序困境：大众民主的弊端

131 三、西方未来可能的制度选择：从选票民主到贤能政治

137 **第六章　西方式民主的扩散及其危机**

139 一、地缘政治促使西方式民主向非西方世界扩张

143 二、西方的衰落导致非西方世界的民主危机

151 **第七章　中国的崛起与“亚洲价值观”的重估**

153 一、中国崛起带来的三大宏观影响：儒家价值、地缘政治与中国模式

158 二、形成中的中国经济秩序：“（政）府内市场”的混合经济

166 三、形成中的中国政治秩序：开放的一党制度

▶ 序言

“中国特色”与亚洲价值观

近年来，我们一直在强调中国发展道路和中国制度的“中国特色”，什么事情解释不通了，就简单地冠以“中国特色”，而对“中国特色”本身也并无多少解释，使得“中国特色”具有非常神秘的性质。尽管确立以中国为中心的话语对民族和文明自信建设非常重要，但如果过分强调中国自身的特殊性，即不是事物本身的全部，而这样构建起来的中国话语体系也就很难被其他国家所理解，更不用说是接受了。一种可以被他国接受的话语必须超越中国本身，而把中国和他国连接起来。虽然中国的发展和制度的确有其特殊性的一面，但不可否认其也有普遍性的一面。任何事物都是特殊性和普遍性的结合。如果一种话语要有效，这两方面的构建都是需要的。

我们会继续强调“中国特色”，这是因为不管怎样的发展和制度建设，中国本身一直会是主体。不过，强调“中国特色”，并不是说中国的发展经验和其他国家毫不相关。事实上，改革开放以来，中国的成功故事里面既包含了中国本身的创新，也包含了中国这个最大的学习大国向其他国家学习的宝贵经验。中国的崛起是一个向他国学习的过程，并且是一个开放式学习的过程。可以说，在过去三十多年里，很难在世界上找到第二个像中国这样能够学习他国经验的国家。中国既向美国那样的大国学习，也向新加坡那样的小国学习。当然，向其他国家学习并非照抄照搬，而是在学习过程中不断创新。这种过程就决定了，中国的发展和制度建设经验同其他国家既具有相关性，也具有特殊性。

作为今天东亚最大的国家，中国的经验和东亚其他国家和地区的经验更具有相关性。可以说，中国的发展故事不仅仅是中国的，也是亚洲的，是广义亚洲价值观的一部分，就如美国的发展故事既是它自己的，也是广义西方的。美国一方面强调“美国梦”，另一方面也极力推崇整体西方价值。美国这样做不仅仅是为了建设其软实力，即把美国置于整体西方世界里面而显示出其代表性。更为重要的是，这样做也是反映了事物的真实面。如果套用基辛格的话来说，世界范围内，在漫长的历史发展过程中，不同地区形成了不同文明，不同文明不仅造就了不同的国家制度，而且也具有了不同的“世界秩序观”。[①] 的确，在近代西方形式的国家制度传播到世界各地之前，尽管各国的制度存在差异，但同一文明圈内部不同国家的制度具有很大的相似性。即使在近代西方国家形式传播开来之后，同一文明圈内部不同国家的制度的相似性要远远大于不同文明圈国家的制度之间的相似性。的确，我们今天所说的发展及制度建设是不同文明圈内部的发展和制度建设。尽管在全球化时代，不同文明互相影响，但这并不是说一种文明可以取代另外一种文明，一种文明内部的制度可以为另外一种文明内

① Henry Kissinger, *World Order*（New York: Penguin Press, 2014）。

部的制度所取代。在经验层面，不难观察到，文明间的互相影响和互相学习可以促成制度的改善，但文明间制度和发展经验的照抄照搬，无论是主动的还是被动的，都会出现问题，甚至导致灾难。简单地说，任何一个国家的发展和制度建设都具有文明性。

在亚洲，“亚洲价值观”概念的提出正是反映了亚洲各国和地区发展及制度建设的亚洲文明性。这个概念由李光耀等亚洲政治家在20世纪80年代提出，并在当时的政策界产生了广泛而深远的影响。不过，在学术界，这个概念所受到的待遇情况复杂。尽管很多学者（主要是亚洲学者，也有一些西方学者）对此持有积极态度，也进行了一些研究，但总体上，近代以来一直接受着西方话语体系的亚洲知识界对此的反应和西方学术界对此的反应并无两样，并在围攻这个概念的过程中扮演了主要角色。1997—1998年亚洲金融危机发生之后，有关亚洲价值观话语的塑造和传播便中止了。这里的因素很复杂。首先是20世纪90年代初的变化，即在苏联和苏东集团解体之后，美国便成为唯一的世界霸权。对西方来说，这意味着西方文明赢得了最终的胜利。美籍日裔作家福山的《历史的终结》便是这一政治氛围的典型反映。[①] 其次，与此同时，世界的全球化加速，迅速扩展到包括中国在内的发展中国家。这一波全球化主要是西方资本推动的，而广大的发展中国家也受惠于资本的全球化。再次，亚洲国家和地区包括日本和亚洲“四小龙”经济本身面临危机，需要转型，包括李光耀在内的一些亚洲政治家也开始反思亚洲发展模式。在这样的情况下，对亚洲价值观的讨论转入低潮。

这并不在任何意义上说，亚洲价值观消失了。有几个重要因素促成亚洲价值观的复兴。第一是 2008 年的西方金融危机。在 1997—1998 年亚洲金融危机发生之后，西方普遍认为亚洲金融危机是亚洲发展模式的必然产物，如果亚洲要避免类似的金融危机再现，就要向西方学习。不过，2008 年西方金融危机改变了人们的这种看法。再者，亚洲金融危机之后，受到危机深刻影响

① Francis Fukuyama, *The End of History and the Last Man*（New York: Free Press, 1992）。

的亚洲国家很快就走出了困局，但 2008 年西方金融危机之后，受到危机深刻影响的西方国家长时期处于危机之中。这也说明了一个问题，那就是亚洲发展模式具有更大的能力对付危机。第二，在 1997—1998 年亚洲金融危机发生之后，亚洲国家的发展模式出现了分岔，一些国家和地区变得更西方化，而另一些则坚守自己的模式，在此基础上努力改善自己的制度。分岔的效果是不一样的，前者的表现远不如后者。那些把自己变得更为西方化的国家和地区（例如日本和中国台湾）陷入停滞发展的陷阱，而那些不放弃自己的发展模式而加以改进的国家（例如新加坡和韩国），其发展更上一层楼。第三，更重要的因素是中国的崛起。中国在崛起过程中，一方面开放向其他国家学习，另一方面也明确强调中国不照抄照搬西方模式。

不过，应当指出的是，中国的崛起对亚洲价值观的影响具有双面性。在实践层面，中国是亚洲的一部分，其发展过程实际上也体现了亚洲价值观。在这个层面，中国经验是对亚洲价值观的贡献。但是，在话语层面，中国的崛起反而制约着亚洲价值观的复兴和传播。这里有几个原因。首先，如前面所述，中国本身强调的是“中国特色”而非亚洲价值观。这种标新立异的追求从表面上把“中国特色”和亚洲价值观隔离开来。其次，西方是看到了中国发展的亚洲性的，即尽管中国的发展有其特殊性，但总体上是属于亚洲发展经验的。从政治上说，西方方便地选择了批评“中国模式”而避免选择涉及更多亚洲国家和地区的亚洲价值观。其三，从地缘政治环境来说，中国的崛起改变着亚洲其他国家的国际环境，很多国家和中国有着这样那样的冲突，因此并不想让中国来代表亚洲价值观。对这些国家来说，中国是亚洲最大的国家，如果中国代表亚洲价值观而它们又是从属于这个亚洲价值观的，这在政治上很难接受。

中国所面临的情形和美国的情况构成了鲜明的对比。美国一直是代表西方价值观的，不仅美国自己这样认为，很多西方国家也是这么认为和接受的。这不仅仅是因为美国在事实上是西方价值的一部分，更是因为美国的内政和外交行为容易被其他西方国家所接受。尽管美国和西方国家之间也存在着各种各样的冲突，但冲突主要发生在利益层面，而非价值层面。中国现在的情况是，在价值层面，实际上和其他亚洲国家（主要是东亚国家）和地区具有共同性，但中国的内政外交行为方式促使其他亚洲国家和地区并不乐意接受中国代表亚洲价值观。也就是说，如果中国要复兴和进而代表亚洲价值观，主要的困难来自政治，并非中国和其他国家（地区）对亚洲价值观的认同差异。

但是，不管什么样的政治因素也不能妨碍我们对中国和亚洲价值观之间关联的探讨。随着中国崛起成为大国，我们有条件对亚洲价值观重新评估，重估中国和亚洲国家发展的相关性和中国对亚洲价值观的贡献。

从政策层面看，我们更可以利用这个机会，在复兴弘扬亚洲价值观的同时结束长期以来在话语权方面的孤立状态。脱离了亚洲文明，简单的“中国特色”很难持续下去。这是符合历史事实的，因为历史地看，中国历来就是亚洲价值观的最重要的源泉。在再次崛起的今天，我们不可以放弃这份丰富的历史遗产。我们没有任何理由在塑造发展话语方面，把自己孤立在亚洲其他国家和地区之外。尽管我们有自己的特色，但我们更需要找到和亚洲其他国家和地区所拥有的共同经验。

复兴亚洲价值观面临两方面的任务。一方面，必须纠正西方对东方（尤其是中国）的错误认知，另一方面，更重要的是从正面阐述新时代的亚洲价值观。中国本身的发展经验可以成为这种阐述的重要部分。随着中国在亚洲和世界范围内的崛起，其地缘影响范围也在扩大。我们需要的是一个亚洲社会共享的、又为其他区域国家所理解的亚洲价值体系。而今天西方社会所面临的各种危机更是为亚洲价值观的复兴提供了有利的国际机遇。

中国领导层近年来越来越重视中国和亚洲的共同发展，提出了“亚洲命运共同体”的概念。如果我们能够把亚洲价值观和亚洲命运共同体整合起来，中国可以掌握塑造一种至少为亚洲国家和地区所能接受的话语的主导权。亚洲的成功和亚洲价值观分不开，正像西方的成功和西方的价值观分不开一样。这不是说，亚洲价值观的再次崛起要取代西方价值观，而只是说，世界上又多了一种选择。中国及亚洲其他国家和地区成功经验的分享也是其他发展中国家所需要的。

▶ 第一章

从东方专制主义到亚洲价值观

一、被西方“发明”出的“东方专制主义”

要构建亚洲价值观，首先就要去除历史上西方对亚洲的污名化。无论在亚洲还是世界的其他地方，当亚洲价值观的提倡者讨论亚洲价值观的时候，尽管不同的人对此有不同的定义，但无论从规范意义还是经验意义上，他们都是从正面来论述亚洲价值的。从经验层面，亚洲价值的存在是客观的事实，“存在即合理”。从规范层面，提倡亚洲价值观，不仅是因为亚洲价值观存在着，而且也应当存在。“应当存在”即是一个规范陈述，就是说，亚洲价值观从其存在的开始时起就具有人类所应当有的道德含义。历史地看，亚洲价值观便是其他各种否定亚洲价值观存在或者否定其正面道德意义的论题的反论题。

在种种否认亚洲价值观的存在或者其道德意义的论题中，最为著名的乃是流行于西方的“东方专制主义”。在西方，东方专制主义的概念自从古希腊时代产生起到今天，尽管不同时代、不同国家和文化、不同的个人，对此有不同的表述和论述，其内核从来就没有发生过很大的变化。东方专制主义的概念从其产生时起，也具有两个方面的含义。首先，从经验层面，它假定东方专制主义是存在的。在这个概念的引导下，西方不同时代的学者和作家都会去寻求经验证据论证其存在。其次，从规范层面，它假定东方专制主义是东方区别于西方的根本，也是东方落后于西方的根源，因此它需要被改变甚至抛弃。

今天人们在讨论亚洲价值观的时候，首先就要搞清楚西方的东方专制主义的概念及其论述。东方专制主义，无论是作为一种理论假设还是作为一种经验存在，都要探究其发明者和使用者在提出和使用这一概念时所指的内容和其所使用的方法论。

耶鲁大学著名历史学家斯宾塞教授在其《西方世界对东方的探求》（*The Quest for the East in the Western Mind*）一书中讨论西方历史上是如何认识东方世界尤其是中国的。[①] 书中，斯宾塞引用了当代意大利作家伊塔罗·卡尔维诺（Italo Calvino）的《看不见的城市》（*Invisible Cities*）一书中有关马可·波罗与元朝忽必烈汗王之间的一段有关城市的对话，这段对话可以帮助我们理解西方世界是如何形成东方专制主义的概念的。

汗王忽必烈要马可·波罗讲述他所见到过的城市。卡尔维诺写道：

---

① Jonathan D. Spence, *Chan's Great China: China in Western Mind*（New York: Norton, 1998），第 12 章。

马可·波罗一直继续他的报告，列举了许多地名、风俗习惯和物产。他的阅历可以说是取之不尽的，然而此刻却不能不放弃了。天亮的时候，他说："汗王，我所知的城市都讲过了。""还欠一个"，忽必烈说。马可·波罗垂下头来。"威尼斯"，可汗说。马可·波罗笑了一笑。"难道你以为我一直在讲别的城？"汗王毫不动容。"我从来没有听你提过这个名字。"马可波罗说："我每次描述一个城市，其实都是讲威尼斯的事。"

这段对话很有哲学味道，它隐含地传达出这样一个人们讲故事的心理信息，那就是，人们可以看着自己所居住的城市想象着别的城市。或者，人们可以用相反的方式，想象着别的城市讲自己所居住的城市。前一种方式往往是为了向别人举荐或者推销自己所熟悉的城市，而后一种方式则往往是人们对自己的城市不满意，要向别的城市学习。

在文化方面也一样。人们总是喜欢拿自己的文化和别人的文化作比较，或者拿别人的文化和自己的文化作比较。不过，比较总有一个立场问题。一般来说，这种比较会产生两种心理倾向性。一种倾向性是彰显自己文化的优势，夸大别人文化的劣势；另一种倾向则相反，当比较者不满于自己的文化或者主张改革自己的文化时，就会倾向于抬高他人的文化，而贬低自己的文化。这两个倾向性都不难理解，简单地说，只是因为人性的自私性。

所谓的东方专制主义和今天的亚洲价值观就是这样的文化比较的产物，是人们比较西方价值观和亚洲价值观的产物。作为文化，无论是西方价值观还是亚洲价值观，都是客观存在的，两者都是生活在这些文化中的人们实际生活经验的历史积淀。当它们作为客观存在的时候，是没有任何道德价值判断的。但是，东方专制主义从一开始就是一种价值判断。同样，作为其反题出现的亚洲价值观也是一种道德判断。在道德判断这个范畴内，不存在完全独立的西方价值观或者亚洲价值观，而只有在比较两者的情况下才构建起来的。

历史地看，亚洲价值观并非亚洲人本身去和西方价值观比较的产物，而是相反。历史上，是西方人“发现”了亚洲，也是西方人首先界定了他们所谓的亚洲价值。而由亚洲人自己提出的亚洲价值观则只是近来的事情，即20世纪80年代之后的事情，而且是回应西方所界定的亚洲价值的被动产物。概括地说，在宏观文化层面，今天亚洲人所讨论的亚洲价值观就是对西方固有的亚洲概念即东方专制主义（尽管不同时期有不同的称呼和内涵）的反应。

西方文艺复兴之后，走向强大，到了近代西方诸国成为世界强权。所以，近代以来，世界力量格局的一个基本事实就是西方在物质和精神生活的各个方面一直占据主导地位。随着西方的文化宗教、经济、地缘政治等利益向非西方世界扩张，对非西方世界所有一切的定义权也牢牢掌握在西方世界。这个事实表明，非西方世界一直处于一个被动局面，要不沉默，要不只是少数人发发牢骚而已。而对非西方世界更多的人来说，他们接受的唯一观念就是西方的就是先进的。因此，学习西方文明，改造甚至抛弃自己的文明就成为非西方世界的“目的”。

二、亚洲价值是亚洲国家落后的根本原因吗？

从西方对东方的认知而言，简单地说，如果从文艺复兴时代算起，西方对亚洲（尤其是中国）价值的认知（定义）经过了三个大的历史阶段。从文艺复兴到启蒙运动为第一阶段，这一阶段西方对东方的认知主要是文化和宗教。18 世纪到 19 世纪为第二阶段，西方对东方的认知主要是社会经济，即为什么东方没有产生西方那样的生产方式。换句话说，西方学者所提出的问题就是，为什么资本主义产生在西方而非东方。19 世纪末和 20 世纪初以来是第三阶段，西方对东方（主要是中国）的认知主要是政治，即中国等东方国家为什么没有产生西方那样的民主政治。

这三个阶段的划分主要是为了了解西方在不同历史时期对东方的认识重点上的不同。必须说明的是，一个特定历史时期的不同认知重点并非互相排斥，而是互相重合。不过，从文化到社会经济再到政治体制，这种认识次序是有其历史根据的。一种文化对另一种文化的认识过程是一个逐步深入的过程。对大部分人来说，文化最为表象，最容易表现为一个国家和另一个国家的差别。继而是经济，因为经济表现为一种文化（国家）内部老百姓的物质生存情况。再次是政治，因为历史上看，大部分时间里，政治总是少部分人（精英）的事情，而和老百姓没有多大的关系。

漫长的文艺复兴（公元13世纪至17世纪）是第一个阶段。当时欧洲刚刚开始走出漫长的中世纪宗教时代，也就是欧洲人所说的“黑暗时代”。为了“复兴”，欧洲人不仅从他们的文明源头古希腊寻找思想和精神的源泉，而且也到东方（包括波斯、印度和中国等）寻找。文艺复兴的核心就是强调与宗教相对的科学和人本身的价值。西方在东方寻找到了科学，也寻找到了理性精神（中国的世俗文化），并把东方因素和古希腊因素融合在一起，造就了一种新的文化。西方在东方的寻找主要是通过东方的古典文献，并且是通过传教士这一群体的。在这段时期，西方人关切的东方，其聚焦点在于宗教、文化和信仰层面的东西。同时，传教士这一群体和一些商人也开始对亚洲社会有了一些亲身的体验。

欧洲的启蒙运动（17 世纪至 18 世纪）是欧洲人对东方认知变化的一个转折点。启蒙时代一方面承继了文艺复兴时代的精神，另一方面对传统文化，包括东方文化，更具有批评精神。如果文艺复兴的主题是挣脱宗教时代的愚昧文化，建立一种新的理性文化，那么启蒙运动所关切的不仅仅是继续这样一种理性文化，而更是要进一步确立一个理性的制度体系。不管怎样，启蒙时代是一个批判的时代。启蒙运动者一方面看到了中国文化中所包含的理性精神等因素，另一方面也竭力批评中国传统的专制主义。“东方专制主义”的概念尽管在古希腊就已经存在，但只有到了启蒙时代，人们才开始对这个概念作比较系统的思考。

对东方和中国价值比较系统的认识是 19 世纪之后的事情。到了 19 世纪，西方的资本主义有了长足的发展，而资本主义又推动了传统社会政治制度的转型。对 19 世纪的欧洲作家来说，有关东方和中国的一个核心问题就是为什么东方和中国没有发展出像欧洲那样的资本主义。在这方面，两位德国学者的著作是必须加以讨论的。一位是德国经济学家马克思（Karl Marx），另一位是德国社会学家韦伯（Max Weber）。马克思提出“亚细亚生产方式”的概念和理论，以唯物主义的方法来探讨亚洲为什么没有资本主义的问题。[①] 而韦伯则从文化的角度，也就是用“唯心主义”的方法，来探讨同样一个问题。[②] 综合两位大家的观点，结论都非常明确，那就是，东方和中国，无论是物质层面的生产方式还是宗教文化层面的精神要素，都阻碍了资本主义的发展。而资本主义的缺失更是亚洲社会经济落后的主要根源。

20 世纪仍然是西方的世纪。尽管有新的政权形式的出现，但无论是苏联模式还是二战之后纷纷独立的第三世界发展中国家，都从来没有能力形成自身的话语。西方因此得以继续主导亚洲和中国的论述。中国在 1949 年结束内战，建立了中华人民共和国，但同样没

① 亚细亚生产方式最早是由马克思于1859年在自己撰写的《政治经济学批判》一书序言中对其唯物史观进行概括时提出的。

② Max Weber, *The Religion of China, Confucianism and Taoism*, translated and edited by Hans H. Gerth（Glencoe, Illinois: The Free Press, 1968）。

有条件建立自己的话语。当时的亚洲处于冷战状态，中国属于社会主义阵营，而其他很多国家属于西方阵营。防止所谓的共产主义的扩张成为西方的要务。西方的知识界开始转向对中国政治的研究。在这个背景下，另一位德国社会学家维特福格（Karl Wittfogel）在马克思论述的基础之上提出了东方“水利社会”的概念，对西方世界早已形成的“东方专制主义”的概念做了系统的探讨，无论对西方社会还是东方社会，都产生了很大的影响。[①]

20 世纪 80 年代以来尤其是冷战结束之后，民主政治成为西方话语的主流。在 80 年代之后，西方式民主扩展到东亚社会，包括韩国和中国的台湾地区。而 90 年代初，苏联共产主义集团的解体表明西方民主政治在竞争中赢得了胜利。西方一片乐观情绪，产生了当时美籍日裔作家福山所说的“历史的终结”理论。随着经济的全球化，西方成功地把以民主为核心的西方话语扩展到亚洲社会。直到今天，实行西方式民主仍然是亚洲社

---

① Karl Wittfogel, *Oriental Despotism: a Comparative Study of Total Power*（New Haven: Yale University Press, 1957）。

会很多人所追求的目标。在这些人的观念中，“亚洲价值”仍然和“贫穷落后”是可以画等号的。

不难看出，在过去的几个世纪里，尽管西方对东方和中国价值的界定经历了从宗教文化到经济到政治的演变，但其背后的逻辑则是高度一致的，大多时候认为亚洲价值是亚洲国家社会经济落后的根本原因。西方从亚洲社会经济的落后寻找亚洲挨打的原因，再从文化、宗教、政治、社会等方面去寻找亚洲经济落后的原因。这样，关联点被建立起来，即亚洲价值促成亚洲的落后性。要走出落后和亚洲价值两者之间的恶性循环，就要抛弃亚洲价值，接受西方价值及建立在其之上的各种社会、政治、经济和文化制度。不难发现，这不仅仅是过去几个世纪里西方加于亚洲的认知，而且也已经变成很多亚洲人内化了的认知，对此毫无疑问。在西方话语主导亚洲几个世纪之后，亚洲社会普遍接受了这种被加于自身上的话语，这种现象也并不难理解。

三、亚洲价值观：西方价值之外的另一种选择？

不过，也是近代以来，亚洲社会也在苦苦追求自己的话语权，只不过是这种亚洲话语并不像西方那样表现在知识层面，而是表现在行为层面，例如在战场上赢得胜利或者在经济上获得成功。

就东亚社会来说，西方完全主导亚洲的情况直到日本明治维新之后跃升成为第一个现代化国家之后才开始得到改变。在日俄战争中，日本打败俄国，这是一个亚洲国家第一次打败一个西方国家，表明亚洲人也是可以成功的。然而，日本之后很快就误入歧途，学习西方帝国主义，自己也走上了帝国主义的道路，不仅没有帮助亚洲国家共同发展起来，反而对亚洲国家实行侵略路线，给亚洲诸国造成了巨大的战争灾难。二战之后，日本被美国占领，更多的亚洲国家落到了西方的势力范围之内。这些国家所能做的就是接受西方的话语。尽管很多国家的政治体制例如日本的民主体制和西方的不一样，但为了和西方保持“认同”的一致性，它们都拼命地假装成西方民主。在其他很多方面，也是一样。面对强大的西方，亚洲国家的一个共同的策略是拼命强调和西方的一致性，而隐藏和西方的不一致性。

亚洲价值观的真正突破口在于东亚社会在经济发展上的成功。到20世纪80年代，东亚经济体，主要是日本和“四小龙”（即韩国、新加坡、中国台湾和中国香港）取得了巨大的经济成就，从原来贫穷落后的“第三世界”跃升为富有的“第一世界”（李光耀语）。经济上的成功促成了这些社会文化自信的复苏，使得人们相信自己所拥有的价值观也能创造西方曾经创造过的奇迹。当然，这种文化自信仅仅表现在一部分人当中，也有人继续相信亚洲的成功是西方价值观的功劳。不过，20世纪90年代末的亚洲金融危机之后，有关亚洲价值观的讨论很快就中断了。不仅西方而且很多亚洲人再次转向西方价值，相信西方价值才可以促成亚洲的可持续发展。

2008年，自西方开始的全球性金融危机再一次给人们机会来反思西方价值和亚洲价值。不过，在 80 年代提倡亚洲价值观的国家例如新加坡、马来西亚和日本并没有再次出现亚洲价值的争论。这次的战场转移到了中国，亚洲价值也变成了中国模式。如果说 20 世纪 80 年代的有关亚洲价值观的争论没有能够持续下去，那么围绕着中国崛起的中国价值（或者亚洲价值）的争论则会长期持续下去。日本和亚洲“四小龙”经济体中，日本、韩国、中国台湾和中国香港被视为是西方化的产物，而只有新加坡的模式被西方视为是偏离了西方价值。也不难理解，新加坡尤其是其领导人李光耀既是亚洲价值观的提倡者，更是这场争论的焦点人物。中国则很不一样，不仅其领土面积、人口数量、经济规模等极其庞大，是包括日本在内的所有其他东亚经济体所不可比拟，更重要的是中国是一个不曾完全西方化的文明大国。尽管自近代以来，中国也尽量向西方学习，但其文明的主体性不曾得到根本性的改变。或者说，东亚一些社会的文化已经被西方文明搞得“支离破碎”，但中国文明仍具有整体性。

这里就为人们提出了一个非常严肃的学术和政策问题，那就是，中国的崛起会使得中国所代表的亚洲价值成为西方价值的另一个选择吗？这里就涉及20世纪90年代哈佛大学教授亨廷顿所提出的“文明冲突”的命题。西方并不认为亚洲价值会取代西方价值，因为作为文明的西方价值根深蒂固，没有任何其他价值可以取代西方价值。西方所担忧的是，会出现另外一个西方之外的价值选择吗？西方文化是一种使命性文化，其使命是要全世界的人都接受西方文化（“一神教”），全世界的经济体系都成为西方那样的市场经济，全世界的政体都成为西方那样的民主。因此，当20世纪80年代出现亚洲价值观的时候，西方群起而攻之，围剿亚洲价值观。当然，参与围剿的更是亚洲社会那些接受西方教育或者接受西方价值观的社会群体。

同样的道理，如果中国价值会成为西方价值的另一种选择，那么西方和亚洲的这些社会群体同样也会围剿中国价值。实际上，自2008年金融危机以来，这种围剿与反围剿的斗争早已经开始。围剿者当然要绞杀中国价值观，而反围剿者则力争中国价值的正当性、存在的合理性，有些甚至开始夸大中国价值的优越性。因为争论的战场在中国，亚洲其他地方的感觉并不是那么直接。不过，随着中国的继续崛起及其地缘政治影响力的扩大，这一战场迟早会延伸到其他亚洲社会，尤其是东亚社会。

▶ 第二章

西方与“东方专制主义”

一、“亚洲”的地理概念与文化概念

历史地看，有关亚洲价值和西方价值的争论并不新鲜。回顾历史会有助于人们看清楚西方学者是怎样简单地把亚洲文化定义为“东方专制主义”，如何以自己的文化来定义亚洲文化的。尽管西方的东方专制主义的概念从古希腊时代就已经开始，但这种思维背后的逻辑到今天仍没有什么大的变化。可以说，东方专制主义的逻辑在西方已经高度内化，已经演变成类似宗教思维定式的东西。这种思维影响着过去东西方文化的互动，也会继续影响两者之间未来的互动。

要讨论亚洲价值观，首先就要厘清两个概念，即“亚洲”和“亚洲价值观”。自文艺复兴以来尤其是近代以来，西方文化一直占据着绝对优势。有关亚洲和中国的话语是欧洲人在还不怎么了解中国和亚洲的阶段所塑造起来的，被蒙上了浓厚的欧洲色彩。一旦被塑造，这种话语便具有了无限的生命力。道理很简单，这是胜利者的话语，它随着欧洲强权的地缘政治的扩张而扩张，而作为弱者或者失败者的被塑造者则不仅毫无反抗之力，更进而必须自觉接受胜利者所施加的关于自己的话语。很显然，西方所塑造的中国和亚洲话语直到今天仍然占据着主导地位，不仅在西方，甚至在中国和亚洲也是如此。

西方所说的“亚洲”先是一个地理政治概念，后来逐渐演变成一个文化概念。无论是地理概念还是文化概念，都是欧洲中心论的产物。14、15 世纪，资本主义首先在欧洲萌芽，葡萄牙、西班牙、荷兰等欧洲大西洋至北海沿岸的一些国家，迫切要求向外扩张殖民地，东方就成为它们寻求海外财富的目标。到16、17世纪，欧洲民族国家形成，各国开始向东方扩展。欧洲国家根据它们当时掌握的地理知识，按照离自己的远近，分别把东方不同的地区称为远东、中东、近东。后来这三个概念被国际社会广泛采用，沿用至今。

今天的亚洲大部分便落在欧洲人所说的“远东”地理范畴，指离西欧最远的亚洲东部地区，包括中国、朝鲜、韩国、日本以及俄罗斯的太平洋沿岸地区。在当代，人们习惯上也把东南亚各国归到远东之列。

因此，在欧洲的早期古典文献中，“东方”更多的是指地理概念，包括欧洲以东的广大地区。欧洲学者早期所指的东方专制主义是一个很宽泛的概念，涵盖了包括波斯、印度和中国在内的不同文化圈。即使到了马克思和韦伯的时代，他们在讨论亚洲问题时仍然不分印度和中国。无论是马克思的“亚细亚生产方式”还是韦伯的“亚洲宗教”都包括中国和印度。但逐渐地，学者们意识到，在讨论亚洲价值时，原先地理意义上的“亚洲”还是过于宽泛。“价值”属于文化范畴。随着欧洲人关于亚洲知识的增加和积累，他们对这个广大地区的界定也越来越明确。很显然，在这么一个广大的范围内，并不存在着一种单一的文化或者一种单一的价值体系。印度在17世纪之后被西方力量侵入，到19世纪正式成为英国的殖民地。尽管在英国的殖民下，印度所发生的变化极其表层，并没有触及到印度文化的深层，但西方对印度的认知发生了很大的变化。在西方大多数人的眼中，印度俨然是世界上最大的民主国家，而印度接受西方教育的社会群体也以此为骄傲。因此，到了当代，东方专制主义的概念越来越多地被使用在中国，而非印度。

就地理范围来说，今天西方和亚洲所认知的“亚洲价值”只局限于历史上形成的中华文化圈，或者儒家文化圈，即是以中国文化为主体的文化圈。这个文化圈以中国为中心或者为源头逐渐扩展到周边国家和地区，包括日本、朝鲜半岛、越南等。在当代，或许是为了方便起见，人们便把东南亚也置于东亚范畴之内。例如世界银行所认定的“东亚”的概念，就包括了中国、日本、亚洲“四小龙”（韩国、新加坡、中国台湾和中国香港）和其他东南亚国家和地区。实际上，东南亚文化圈和东亚文化圈是不同的，东亚文化圈是传统儒家文化圈，而东南亚文化圈呈现出多样性的文明，包括穆斯林文化、佛教文化和印度文化等。在东南亚，只有新加坡可以说基本上是一个华人国家。另外一个因素就是东南亚具有海外最大群体的华人人口。

而即使在儒家文化圈内部，二战以后，各地的政治经济状况发生了很大的变化。在整个冷战期间，以美国为首的西方势力把其地缘政治利益扩张延伸到东亚，东亚的很多国家和地区属于西方阵营。日本在美国占领期间，成为民主国家。自 80 年代起，其他一些国家和地区例如韩国和中国台湾也民主化。1949 年中华人民共和国成立，确立了共产主义政权，并且和当时的苏联结盟。所有共产主义政权，在西方的政治词汇里，都属于专制政权，甚至是极权主义政权。东西方之间的冷战便是德国社会学家维特福格把中国形容为东方专制主义的政治大背景。

二、儒家价值体系等于“东方专制主义”？

尽管西方所认知的亚洲东方专制主义经常和中国数千年的儒家意识形态及其实践联系在一起，但是对这一概念的文化圈适用性并不是很清楚。如前面所讨论的，在早期，地域的适用性不清楚。尽管后来地域问题清楚了，但东方专制主义是否适用于整个儒家文化圈又成为一个问题。

在文化层面，儒家尽管是中国传统官方意识形态的主流，但中国文化则是一个远较儒家文化更为宽广和复杂的现象。西方认识中国从儒家、道家经典开始，并不难理解。在欧洲，大学起于教会。早期大学主要是研究宗教经典。在欧洲开始和东方接触时，欧洲最早也是从经典认识东方的。对中国的认识也如此，是从儒家和道家等经典开始认识中国的。在解读中国经典的同时，欧洲人无论是传教士还是商人也往往和朝廷官员接触。道理很简单，在中国这样一个王权国家，没有王权的许可，很难在中国传教。因此，欧洲人也经常是中国高层政治的观察家，而欧洲人对中国社会基层的认识则相对很少。

在亚洲地理范围内，如果说西方所说的东方专制主义自古至今指的主要是以中国为核心的儒家价值体系，那么对儒家如何解读便是西方所面临的另外一个重大问题。一般而言，西方学者对儒家的理解过于狭义，即仅仅把儒家视为是官方的意识形态。严格说来，儒家并不是西方所界定的意识形态。儒学与其说是一种政治意识形态，倒不如说是一种统治哲学。从统治的视角来看，儒家其实是一个开放思想体系，而不是一个封闭的意识形态体系。作为一个开放的思想体系，儒家并不存在不可变的因素。如果说《易经》是中国文化精神的本质表达，那么“易”也是儒家的本质性东西。因为儒家的服务对象是王权的生存和发展，因此，一般情况下人们把儒家视为是一种保守的政治哲学。不过，在人们这样说的时候，忽视了儒家的辩证法，即通过“变”来保持“不变”（生存和发展）。历史地看，儒家可以在很多政治条件下得以生存和发展。并且，儒家不仅可以和其他意识形态共存，更有能力去吸收和消化其他的意识形态。

再者，人们也必须区分作为生活方式的儒家和作为官方意识形态的儒家。对作为生活方式的儒家，无论在亚洲还是其他地区，人们从来就没有提出过重大和严肃的问题，因为它更多的是一种个人的选择。日本明治维新运动是向西方学习的运动，但那个时代的精英从个体而言都是信奉儒家精神的。日本之外，亚洲“四小龙”的政治精英们从个体而言也是儒家的忠实信奉者。韩国现任总统朴槿惠再三强调中国传统经典对个体修养的作用。亚洲那些已经民主化了的社会，没有多少人会否认在个体层面的儒家修养。

问题就出在作为一种官方意识形态的儒家及其对政

治的影响。如前面所说，东方专制主义的一个基本诊断是东方专制主义便是东方落后的政治根源，应当抛弃之。而作为东方专制主义核心的儒家更应当抛弃之。自近代以来，西方的这个基本判断基本上也被大多数中国人所接受。从“五四运动”到毛泽东时代的各种政治运动，中国无一不是以儒家为斗争目标的。

不过，这个基本判断很难成立。正如前面所说的，儒家作为一种统治哲学，是一个开放体，能够适应不同的历史时代的意识形态和政治需要。同时，作为一种生活方式的儒家从来就没有消失过，是人们效仿和“修道”的对象。即使在毛泽东时代的中国共产党的政治生活中，一方面儒家被贬低和批评，另一方面执政党的政治生活恰恰需要的是儒家所提倡的政治品德。因此，通常的情况是，政治人物把儒家从前门驱赶出去，而又把它从后门邀请进来。当然，这种情况在改革开放后有了根本性的改变。尽管今天官方并没有正式把儒家确立为官方意识形态，但儒家可以堂而皇之地从前门而入。

在西方人的概念里，就中国来说，儒家和东方专制主义是联系在一起的。但是在实践层面，这种概念上的联系越来越被证明为是不能成立的。前面讨论过，西方对东方专制主义的认识经历了从文化到经济再到政治的过程。这里，文化层面的论说是为了经济和政治制度层面的论说，就是说，用文化来说明为什么亚洲没有产生资本主义（经济制度）和民主（政治制度）。但用文化来说明经济和政治往往会陷入学界所说的同义反复（tautology），既不能证明文化和经济政治制度有关联，也不能证明它们之间没有关联。二战之后东亚儒家文化圈的发展就说明了很难证明儒家和东方专制主义之间的关系。首先是经济上的。韦伯说儒家是资本主义发展的文化阻碍，正如新教伦理是西方资本主义的文化推动力。不过，二战之后，先是日本、后是亚洲“四小龙”都成功实现了高速经济增长，尽管这些经济体所确立的资本主义体系和西方的不同。更为重要的是，东亚社会也开始出现民主政治，尽管这些社会的民主也不尽和西方民主相同。无论是经济制度还是政治制度，这些亚洲国家和地区采用了西方形式，但仅仅是形式而已，制度内部运作的精神仍然是亚洲的传统。也就是说，亚洲国家和地区对西方制度形式的采用，强调的是其工具性质。这也就是中国近代所提倡的“中学为体、西学为用”的方法。实际上，这也是东亚社会成功的地方，借用西方的工具而保持自己的文化精神。当然，正如下面我们会分析的，20 世纪末以来，当一些东亚社会开始机械学习、仿效、照抄照搬西方制度时，这些社会就开始出现很大的问题。就是说，当工具和运作工具的文化不相吻合的时候，作为工具的制度运作就会失灵。

回到中国的情况。那么，东方专制主义是否适用于仍然在意识形态上实行共产主义的中国？这同样也站不住脚。这里有几点必须加以考量。第一，作为意识形态，共产主义也并非中国所内生，而是从欧洲进口而来。第二，中国共产主义已经是中国化了的共产主义，而非原本的欧洲共产主义，并且这种共产主义的中国化从一开始既是客观条件的需要，也是政治人物的有意识的努力。第三，随着中国经济上的崛起，文化也在复兴，而文化复兴则意味着官方的共产主义会继续中国化。因此，尽管共产主义仍然是官方意识形态，但是它在多大程度上仍然是西方的，在多大程度上已经是中国的，这是一个可以探讨的问题。

今天，中国各方都在努力复兴以传统价值观尤其是儒家为中心的中国价值观。同时，儒家本身也在再一次发生巨大的变化。在社会层面，复兴儒家并不是一件很困难的事情。在这个层面，尽管儒家也表现为价值观，但主要是一些社会广为接受的社会实践。但作为一种统治哲学，只有通过自身的变化和改革，儒家才能适应时代的需要。正如前面所讨论的，儒家之所以能够适应社会就在于它是一个开放系统，尽最大的努力来容纳和消化吸收其他的意识形态。如果把儒家局限于传统流传下来的那些教条，那么儒家就会转化成为刻板的政治意识形态。在一些方面，儒家传统也为人们留下了仍然具有现代性的政治遗产，主要是贤能政治。贤能政治是中国政治传统的核心制度。尽管古希腊时代也曾经有过这样的理想，西方的精英民主时代也容纳了贤能政治的要素，但它已经在今天的西方消失了。只有中国实现了贤能制度。今天西方基于选举之上的大众民主也影响着亚洲的政治进程，但随着大众民主出现越来越多的问题，贤能制度会再次变得重要起来。

前面讨论了这么多，主要想说明几点。第一，西方所发明的东方专制主义的概念只是西方人对东方和亚洲的一种“误解”（misperception），从来就不是建立在东方和中国的社会实践和经验之上的，也从来就没有有效解释过东方和中国（和其他亚洲国家和地区）的社会实践和经验。第二，正因为这样，西方经常变换东方专制主义所指的对象。在很大程度上，作为一个模糊的、经常是同义反复的概念，它很难找到具体的所指对象。就是说，在学术上说，这不是一个可以应用和验证的基于实证经验之上的概念。第三，中国和亚洲社会被迫接受这个概念，不仅仅是因为本身没有替代的概念，更重要的是因为社会科学概念的传播和接受深受地缘政治的影响。近代以来，西方盛行的是“强权就是真理”，谁是战场上的赢者，谁就是真理。亚洲被打败，亚洲人也“自愿”接受了这个强权逻辑，因为失败者是不被容许有话语权的。因此，随着西方的强势及其地缘政治利益在亚洲的扩张，亚洲很多人的思想也被“殖民”。直到今天，被“殖民的”思想仍然具有强大的生存能力和影响力。第四，尽管亚洲国家和社会从西方“进口”了很多制度工具，但制度运作所体现的精神仍然是亚洲的，也即是说，亚洲价值更多的是存在于实践层面和经验层面，而不是概念和理论层面。第五，正如以后会论证的，随着中国的崛起，亚洲价值的复兴成为必然，而亚洲价值的复兴也是人们在概念和理论层面塑造亚洲话语的经济基础。

▶ 第三章

“东方专制主义”在西方的起源和演变

前面已经指出，东方专制主义并非东方人自己的产物，而是西方看东方的产物。因此，首先需要探究东方专制主义在西方的起源和发展。

在西方，东方专制主义的概念最早可以追溯到古希腊和罗马。古希腊哲学家亚里士多德最早使用了东方专制主义概念。他在《政治学》一书中比较了古希腊城邦国家不同的政体，同时对其他政体也很感兴趣。东方专制主义应当是他用于比较不同政治体制的概念。这里所指的“东方”主要是当时的波斯地区。亚里士多德的学生亚历山大大帝征服了波斯，在那里进行了专制统治。在亚里士多德看来，东方专制主义政体的主要特征并非依靠“武力”（force），而是依靠“同意”（consent）来统治，就是说，借助武力而产生的“恐惧”（fear）并非是统治者所依赖的，统治者是根据被统治者所具有的“奴性”特性来加以统治的。也就是说，亚里士多德认为，东方专制主义的基础是东方人所具有的“奴性”。

亚里士多德所认为的“东方人”的“奴性”也是其通过比较“东方人”和“希腊人”的特点所得到的。他认为，在希腊城邦社会，任何人都是自由人，有能力担任公职，成为统治者或者被统治者；而野蛮人（东方人），就他们的本性来说，都是奴隶。很显然，亚里士多德的这种结论是建立在其对“希腊人”的偏爱和对“东方人”的偏见的基础之上的。他这里所指的“自由人”仅仅是希腊少数贵族和公民，因为只有他们才有参与政治的权利，而不包括下层社会群体，更不包括规模极其庞大、不被看作人的奴隶阶层。

那么，是什么决定了人是“自由的”还是具有“奴性”的呢？亚里士多德进一步认为，这是地理条件决定的。他观察到，生活在气候寒冷地带的人民，尤其是欧洲人，充满灵性（spirit），但缺失技能（skill）和理解能力（intelligence），而东方人尽管具备天赋技能和理解能力，但缺失灵性，具有奴性。只有希腊人同时具备有灵性、技能和理解能力，他们是天然的世界统治者。[①]

亚里士多德对东方的看法尽管有限，但影响深远。直到14—16世纪欧洲的文艺复兴时代，这种观点背后的思维方式也没有改变多少。人们不难在法国哲学家孟德斯鸠和德国哲学家黑格尔那里看到，他们对东方专制主义，尤其是对中国的看法和亚里士多德并没有多少区别，尽管到了启蒙时代，欧洲有关东方或者中国的知识已经不能和古希腊的相比。

斯宾塞写的《成吉思汗的广袤大陆：西方头脑中的中国》，描述过去的7个世纪里，不同历史时代的西方人是如何看中国的，从早期的马可·波罗、传教士、航海家到近代的启蒙运动，再到20世纪的作家和观察

---

① 参见 Aristotle, *Politics* 7.1327b。

家。[1] 总体说来，文艺复兴之后，欧洲对东方和中国的关注多了起来。斯宾塞所述涉及西方不同社会群体对中国的看法，包括文学艺术家。不过，把东方专制主义在知识界高度制度化的则是少数几位伟大的社会科学家。斯宾塞所提到的那些非知识界的社会群体例如商贸人士对这些社会科学家也产生了巨大的影响，因为他们往往为研究者们提供了研究和写作的“经验材料”（不管是真实的，还是非真实的）及无限的想象力。已经有很多研究著作论述西方社会科学家对中国的看法的历史。[2] 这里集中讨论三位社会科学大家的观点，即马克思、韦伯和维特福格。我们认为这三位作家是近代以来有关

---

① Jonathan D. Spence, *Chan's Great China: China in Western Mind*（New York: Norton, 1998）。

② 西方是如何认知中国的，很长时间以来是西方学者们所研究的一个重要课题，尤其是被称为汉学或者中国学的主题。这方面的著作也不少，至少可以包括如下著作：Raymond S. Dawson, *The Chinese Chameleon: An Analysis of European Conceptions of Chinese Civilization*（New York: Oxford University Press, 1963）; Steven W. Mosher, *China Misperceived: American Illusions and Chinese Reality*（New York: Basic Books, 1990）; Julie Ching and Willard Oxtoby, eds., *Discovering China: European Construction of China in the Literature of the 17th and 18th Centuries*（Rochester: University of Rochester Press, 1992）; Colin Mackerras, *Western Images of China*（New York: Oxford University Press, 1999）; Rupert Hodder, *In China's Image: Chinese Self-Perception in Western Thought*（New York: Palgrave Macmillan, 2000）; and David Martin Jones, *The Image of China in Western Social and Political Thought*（New York: Palgrave Macmillan, 2001）。

“东方专制主义”理论的集大成者。有趣的是，他们三位都是德国人。

一、马克思:“亚细亚生产方式”导致“东方专制主义”

第一位是马克思。1859 年，马克思在自己的《政治经济学批判》预言中，提出了“亚细亚生产方式”（Asiatic mode of production）的概念。在马克思那里，东方专制主义是亚洲国家治理结构的最主要特点。马克思是根据其生产—财产关系理论提出这个概念的，并用此来形容亚洲社会。他认为，东方专制主义就是建立在亚细亚生产方式之上的政治上层建筑。这种生产方式阻碍了亚洲国家的进步和发展，使得“亚洲在历史中深睡”。尽管历史上，王朝不断更替，但总体国家政治结构永远不变。这种情况直到近代外来力量即西方力量到来之后才得以改变，也就是说，亚洲的变化动力并非来自内部，而是西方世界，是西方把具有“进步”的变革强加给亚洲国家之上。

在马克思的经济学理论中，主要的概念是生产力和生产关系。生产力要素或者生产工具包括土地、自然资源、工具、人的技能和知识等，这些都是生产社会有用产品所必需的。生产关系指的则是在生产对社会有用的产品过程中，把人们连接在一起的社会关系。马克思是在探讨生产力和生产关系两者之间的关系中，发现亚洲社会的。他发现，在亚洲社会，国家往往起了主导作用，例如土地往往是国家所有的、国家掌握绝对的政治和军事力量、国家控制水利灌溉系统等等，而这些便是东方专制主义的经济基础。

马克思可以说是第一次用社会科学方法论证东方专制主义的学者。从亚里士多德到启蒙时代的学者，东方专制主义是比较形而上学的，即关注人的“奴性”和比较抽象的地理环境等。而马克思则被认为从经验层面建立了经济（“亚细亚生产方式”）和政治（“东方专制主义”）之间的关联。马克思对其之后的社会科学产生了巨大的影响。人们可以不喜欢马克思的思想，但不可以不读马克思。就中国研究来说，马克思的影响更是多方面的。不难发现，其所论证的东方专制主义反映在马克思之后的经济和政治研究中。就经济来说，人们所关切的就是：为什么中国没有发展出西方那样的资本主义？就政治来说，人们所关切的就是：为什么中国没有发展出西方那样的民主政治？马克思之后的社会科学家尽管就这些问题也提出了自己的不同的见解，但从来就没有跳出过马克思所设定的思维构架。

中西方学者就马克思对中国本身影响的讨论的著作已经汗牛充栋，这里不再赘述。一句话，中国不仅接受了马克思主义作为一种政治经济理论，而且更把马克思主义当作了一种信仰。今天，无论是左派还是自由派的学者，大抵都仍然接受马克思对传统中国社会的分析。

二、韦伯：儒教阻碍资本主义在中国产生

第二位德国人是经济学家和社会学家韦伯（Max Weber）。韦伯对中国的论述主要表现在其撰写的《中国的宗教：儒教与道教》一书（原文德文版1915年出版，修订版1920年出版，直到1951年才有英文版）中。[①]这是韦伯继《新教伦理与资本主义精神》之后第二部讨论宗教社会学的著作。[②]如果说马克思是从物质层面即经济因素来探讨中国的“东方专制主义”及其为什么没有发展出资本主义，那么韦伯则从思想层面即文化宗教因素来探讨同样的问题。《新教伦理与资本主义精神》一书是讨论新教伦理和西方资本主义的关系，《中国的宗教：儒教与道教》则是探讨为什么儒教和道教阻碍了中国资本主义的产生。

---

① Max Weber, *The Religion of China: Confucianism and Taoism*（1915），Editor, Hans H. Gerth, with an Introduction by C. K. Yang（New York: Free Press, 1968）。

② Max Weber, *The Protestant Ethic and The Spirit of Capitalism*, translated by Talcott Parsons, with a Foreward by R. H. Tawney（New York: Charles Scribner's Sons, 1958）。

韦伯探讨中国社会与西方清教社会的不同特征，从宗教文化的角度回答了为什么资本主义产生在西方而非中国这个大问题。韦伯聚焦于中国历史的早期（百家争鸣和战国时代），因为中国思想的主体儒家和道家崛起于这段历史时期，并且还没有深受从印度传过来的佛教的影响。在讨论儒家和道家对中国的影响时，韦伯并没有仅仅局限于纯粹的思想层面，而是看这些思想是如何体现在中国的实践行为上的。这里，韦伯主要讨论了中国的城市发展、家长式统治、官吏和宗教等领域，并比较这些领域中国和西方社会的不同之处。

至公元前 200 年，中国已经从战国时代松散的、分权的封建制度转型成为统一的家长式帝国。在包括道家、墨家和法家等诸子百家的争论和竞争过程中，儒家最终成为了占据统治地位的思想。当然，儒家内部也有不同的学派，孟子的儒家学说更具理想主义色彩，相信人性本善，而荀子则相信人的本性取决于其所处的社会环境。到了汉代，儒家跃升成为官方意识形态的核心，也就是说儒家从一种社会意识形态转型成为国家意识形态。汉代被推翻之后，儒家也跟着衰落。在随后的数百年间，儒家几乎处于休眠状态。到了公元 618 年至 906 年间，中央王朝重新崛起，儒家也再次跟着复兴。在宋朝，新儒学崛起，开始解释原来道家和佛家所关切的问题。在明代，王阳明发展出了心学，儒家的发展到了一个新的阶段和新的高度。

不过，到了 19 世纪末和 20 世纪初，在中国传统类型国家被建立在强大军事技术之上的西方近代国家所征服之后，中国知识分子便把中国在科学和政治方面的落后统统归结为儒家。

如果说西方新教伦理是导致西方资本主义发展的精神宗教条件，那么儒家精神为什么阻碍了中国发展出资本主义的生产方式呢？韦伯从中国的宗教组织和儒家教条对此做了解释。

作为统治哲学，儒家和宗教保持特有的距离，既不否认宗教的存在，但也反对宗教对政治事务的干预。孔子强调的是“敬鬼神而远之”。因此，中国文明不存在西方那样的宗教先知，也没有类似欧洲那样的一个强大的牧师（知识）社会阶层。不过，在另外一个层面，中国可以说是一个“政教合一”的体制，就是说，作为“天子”的皇帝，即“上天的代表”，既是精神的最高权威，也是世俗事务的最高权威。皇帝也就是最高的国教神职人员和世俗统治者。

在儒家那里，“国教”和民间宗教是不同的，可以加以区分的。儒家认为，众神崇拜是国家事务，必须由皇帝来负责，而祖先崇拜等则是各人的事务。韦伯认为，从这个角度来说，儒家可以称之为国家崇拜，而道教则是民间宗教。儒家容忍不同民间宗教信仰的共存，把民间宗教视为是统治国家的工具。只要魔术和神秘主义可以成为国家控制大众的有效工具，儒家并不反对。只有当它们威胁到现存政治秩序的时候，才会宣布它们是“邪教”，并加以镇压。因此，尽管儒家容许民间宗教“教职”人员的宗教活动，但绝对不容许他们来干预政治，以保持“政教分离”的状态。也很容易理解，儒家为什么没有想把众多的民间宗教信仰整合成为一个统一的宗教教义。也就是说，中国没有出现类似西方那样的“一神教”（one God）的概念。原因很简单，如果这样做，就会和儒家作为世俗的“国教”发生冲突。也是在这个意义上，韦伯把儒家称之为“儒教”（当然，这是一个明显的误解）。

再者，儒家对宗教教义持开放的态度，强调宗教教义必须与时俱进（adjustment to the world）。这一点又和西方不同。无论是国教还是民间宗教，儒家并不鼓励并且回避非理性的狂喜、神秘深思和形而上的猜想。儒家对宗教持有非一般的冷静。工具性可以说是中国宗教的最大特色。

很显然，这种情况和欧洲的中世纪构成了鲜明的对照。在欧洲的中世纪，教会可以把自己的意志强加给世俗领袖，无论是宗教领域的统治者还是世俗统治者或者平民百姓，都信仰同一个宗教，即一神教。这种情况到了文艺复兴才开始改变。西方的政教分离经历了一个漫长的过程，并且是一个充满暴力和血腥的过程。

那么，为什么新（清）教和儒家对资本主义的发展产生相反的影响呢？韦伯认为，儒教和新（清）教是两种互相排斥的理性思维模式，各自企图规制基于宗教教义之上的生活方式。两者之间也具有共同点，最大的共同点就是两者都强调自我节制，不排斥财富的积累。那么，为什么新（清）教促进了资本主义的产生，而儒教则没有呢？韦伯认为，尽管两者把自我节制和积累财富视为是追求最终目标的工具，但两者之间出现了巨大的差异：儒家的最终目标是追求“具有文化身份的地位”（a cultured status position），而新（清）教所追求的目标乃为创造“作为上帝工具”的个人。儒家里面很少出现对信仰的强烈追求和对财富行为的热忱，但这两者在新（清）教那里极为普遍。儒家并不认为对财富的积极追求是目标，而新（清）教则以此作为对灵魂进行拯救的工具。在韦伯看来，正是新（清）教和儒教所造就的社会态度和思维方面的这一差异使得资本主义在西方而不是在中国得以发展。

如果说中国早期的社会结构对中国儒家思想结构产生了影响，但一旦儒家成为官方意识形态或者“国教”，其反过来对社会结构产生很大的影响，甚至是决定性的影响。韦伯也从社会结构对西方资本主义经济的存在和中国资本主义经济的缺失做了探讨。这里韦伯所强调的是城市的作用。这里背后的原因也很显然，因为城市是近代欧洲资本主义经济的发源地。

韦伯从西方和欧洲城市的不同性质来探讨资本主义。和欧洲相类似，中国城市是政治领袖的居住地，也是贸易和手工艺市场的中心。但是，中国的城市从来没有获得政治上的自治权；事实上，城市所拥有的权利甚至较乡村还少。同样，城市居民也没有特别的政治权利或者特权，中国城市的居民从来没有获得过类似欧洲城市居民那样的独特的社会地位。

中国城市没有得到发展部分是因为地方基于祖先崇拜宗教信仰之上的血缘宗族关系过于强大，这种血缘关系促使人们继续和生活在乡下的祖先维系着很强的关联。再者，生活在城市中的行会，他们互相竞争，希望得到皇帝的恩惠，而不是像欧洲的行会那样，联合起来向王权争取更多的权利。

与分散的欧洲不同，中国很早就实现了统一和具有一个高度集权的中央政权。在开始的几个世纪，中国拥有一个相对和平的环境，因此在国家权力结构形成之际，军事力量从来就没有获得过重要的权力，政治权力的焦点从对土地的争夺转变成为对官员职位的争夺。对官员来说，费用和税收是他们收入的最重要来源。皇帝对国家的统治依赖于这些可以自由更换、不具继承性的官员，而不是军事力量。不过，官吏拥有相当的权力，他们的既得利益在于维持现状，反对任何形式的改革和变革，尤其表现在政治和政权方面。对官员来说，最为重要的是他们的官位或者身份。在儒家学说里，士大夫（文人）不应当追求财富，人们所追求的是成为一位政府官员而非商人，政府官员要比商人具有更高的身份。文人不关注财富，他们关切的是他们的身份。诚如韦伯所说，士大夫追求地位，而非利润。欧洲则不同，在欧洲，国家的统治所依赖的是军事力量。军事扩张和征服是欧洲历史的有机部分。扩张和征服意味着变化（受韦伯的影响，当代已经有大量的文献论证战争是如何影响欧洲的发展的，包括资本主义）。

韦伯认为，有几个因素有利于资本主义经济的发展，包括长期的和平、河流管控、人口增长、土地的自由买卖、离开出生地社区、自由选择职业等。但是在中国，宗教因素的重要性远远盖过了所有这些因素。韦伯认为，中国人利用宗教原因反对技术革新，例如相信技术革新会打扰祖先灵魂的安息，从而招致不幸。中国人不是去改变世界，而是改变自己去适应这个世界。土地的买卖经常是被禁止的，或者十分困难。因为对家庭关系和祖先过分强调，宗族变得异常强大，在经济情况不好的时候，用来保护宗族内部的成员，从而消极地影响到人们借贷的动机和工作纪律。深厚的宗族关系也阻止了城市社会阶层的发展，阻碍法制的发展，例如法律机构的创始，法律的准则化和法律从业者的产生。

三、维特福格:“水利社会”是东方专制主义制度基础

马克思在经济层面即亚细亚生产方式来论说东方专制主义，而韦伯则从文化层面即中国宗教文化论说同样的话题。到了当代，在论说东方专制主义方面，集大成者莫过于另一位德国人，即美籍德裔历史学家维特福格（Karl August Wittfogel，1896—1988）。他提出了“水利文明”或者“水利帝国”（hydraulic empire）的概念。这个概念要论说的是：一个成熟的水利文明是如何通过控制水供应的各种方法来控制其境内的人口。1957年，在美苏冷战的高峰期，维特福格出版了其巨著《东方专制主义》（*Oriental Despotism*）。[①] 维特福格认为，以中国为代表的这种东方水利文明从本质上说和西方世界所出现的文明全然不同，是东方专制主义的制度基础。

---

① Karl A. Wittfogel, *Oriental Despotism: A Comparative Study of Total Power* （New Haven: Yale University Press, 1957）。

水利帝国（也称水利专制主义或者垄断帝国）被界定为借由对水供给的排他性控制来维持政治权力和控制的一种社会和政府结构。水利帝国的兴起主要是因为对洪涝控制和对灌溉的需要，因为无论是对洪涝的控制还是对灌溉的需要都要求中央权力的协调和专业化的官僚机构。历史上，水利文明尽管出现在世界上不同的地方，但以中国最为典型。维特福格认为，气候因素导致了世界上的一些地区比另外一些地区发展出了较高水平的文明。维特福格深信，东方社会的气候是导致那里的专制统治的最重要因素。在这些社会，因为受环境制约和影响，经济过程中的资源分配是关键的。环境因素使得比较容易控制供给关系，导致比较全面的垄断。不难发现，这是典型的环境决定论主义，从古希腊的亚里士多德到近代法国的孟德斯鸠都持这种倾向，只不过是维特福格把此系统化和理论化罢了。

在维特福格那里，典型的水利帝国都是高度集权的，不可能存在一个比较独立于王权的贵族社会阶层和群体。这和欧洲非常分权的封建主义形成了鲜明的对照。

尽管传统部落社会的统治结构都具有个人色彩，也是把个人权力施加于部落之上，但水利社会导致了非人格性的永久制度的确立。在这样的社会中，西方那样的自下而上的社会革命几乎不可能发生。尽管一个王朝的灭亡有可能是因为被自下而上的武力革命所推翻，但新建立的政权和旧政权不会有什么不同，形成了王朝更替。

维特福格对中国水利社会的描述和分析的方法显然并没有超越马克思和韦伯。实际上，他把马克思和韦伯的很多观点都整合在一起了。维特福格的研究受到了西方很多人的批评。研究中国科学史的李约瑟认为，维特福格的分析是基于其对中国历史的无知。李约瑟发现，中国政府并非像维特福格所说的那样专制，也不是像西方那样由教士阶层来主宰的，而是面临无穷的社会压力，主要是农民造反。李约瑟也认为，维特福格的观点也不能解释近代西方文明中官僚机构的存在及其必要性。

的确，资源控制对水利帝国的确至关重要，但同样的统治方式也出现在欧洲殖民地对南半球的殖民控制。

殖民地都是处于边缘地带而资源丰富的地区，当代新马克思主义学者所确立的中心—边缘地带互动理论强调的也是中心地带对边缘地带的资源控制和使用。就统治方式来说，殖民者对当地社会的控制甚至比“东方专制主义”更为残忍。

不过，应当指出的是，维特福格的“水利社会”理论尽管在当时被认为是集大成者，是继韦伯之后西方中国研究的一个里程碑，但其影响主要是在政治和意识形态层面，而非学术层面。在学术层面，除了其比较系统地叙述之外，思维和方法论上并没有超越之前的马克思和韦伯。更有趣的是，马克思和韦伯都不懂中国语言，他们了解中国必须通过二手资料，而维特福格是懂中国语言的，是可以直接了解中国材料的。并且，当时已经有很大一批中国学者在西方求学做研究，他们对中国的传统做了相当深刻的研究。但在维特福格的作品里面，看不到中国学者的影响。尽管时代变了，但维特福格的思维仍然没有能够超越其前人，这一点足见西方的东方专制主义这一研究范式的持续影响力。

显而易见，维特福格有关“水利社会”理论的影响力主要来自政治和意识形态。当时正处于东西方冷战高峰，东西方之间正在打一场意识形态战争。他的这本著作系统地论述了东方专制主义的起源和发展，正好符合西方意识形态的需要。实际上，在这本书中，读者并不难发现诸多明显的政治和意识形态偏见，远远偏离了其提供的经验证据。

▶ 第四章

亚洲的崛起和“亚洲价值观”的争论

一、东亚“经济奇迹”促成亚洲价值观的诞生

正如本书开头提出的，亚洲人提出的亚洲价值观可以说是对西方的回应，是东方专制主义的反论题。这个论题的提出是20世纪八九十年代的事情，也就是说是近来的事情。亚洲提出这个论题的背景就是当时东亚文化圈经济上的成功，即日本和亚洲“四小龙”（新加坡、韩国、中国台湾和中国香港），并且包括中国在内的另外一些亚洲国家也开始改革，经济发展加速。尽管近代

西方价值扩展到亚洲之后，在学术界也不时出现一些有关亚洲价值的讨论，但这些仅只是知识界少数学者被动的并且往往是无效的抵制，并没有形成一种可以称之为政治力量的东西。在中国，“五四运动”之后也不乏有学者出来竭力为自己的文明和文化辩护。中国历史上曾经辉煌过，但现在失败了。在这种情况下，无论一些学者如何努力，不仅对西方人没有说服力，而且对自己的人民也难以有说服力。正如西方的“东方专制主义”的传播和西方成功的故事联系在一起一样，亚洲在没有成功之前很难有真正的资格和能力来正面提出亚洲价值观。一些学者所讨论的亚洲价值（例如体现在诸如“中国文化”或者“印度文化”那样的概念中）尽管具有学术意义，但对西方并没有产生具有实质性的影响力。

前面已经说过，明治维新之后的日本是东亚地区第一个实现现代化的国家，也是亚洲第一个用战争打败了一个西方大国即俄国的国家。当时的国际关系就是“战场上论英雄”，战争的输赢决定了一个国家是否是强国。当日本打败俄国的时候，亚洲国家（或者说很多非西方国家）为之雀跃。不过，日本的国家制度建设的成功被视为是学习和仿效西方制度的结果。日本在国家建设成功之后，也很快仿效西方帝国主义，在亚洲实行帝国主义路线，发动了称霸战争，即第二次世界大战，亚洲国家尤其是东北亚国家深受其害。日本的帝国主义模式最终以失败告终。尽管人们看不到亚洲价值观和日本帝国主义之间有任何关联，但日本的侵略行径对亚洲价值观是有影响的。二战期间，日本侵略其他亚洲国家的一个理由就是建立“大东亚共荣圈”，来抵抗欧美国家对亚洲的侵入。此前，尽管东北亚形成了儒家文化圈，但并没有亚洲的概念。日本不仅把“亚洲”放在和“西方”的对立面来论述，而且也扩大了亚洲的概念，即把东北亚和东南亚连接在一起，其“大东亚共荣圈”差不多是一个“泛亚”概念。再者，正是因为日本的侵略行为，人们经常倾向于把“亚洲价值观”视为是一种特别的意识形态，即为政治服务的意识形态，而非一种客观的存在。[①]

---

① Wm Theodore de Barry, *Asian Values and Human Rights: A Confucian Communitarian Perspective*（Cambridge, MA: Harvard University Press, 1998），第二页。

促成亚洲价值观诞生的是后来被称为东亚“经济奇迹”的日本及“四小龙”的崛起。东亚地区经济的快速发展始于二战后的日本，“四小龙”（新加坡、韩国、中国台湾和中国香港）紧随其后，这是近代经济史上少见的经济现象。这五个经济体都面临土地稀缺和自然资源匮乏的问题，但是各自通过发展人力资源、促进技能升级、秉持勤劳节俭和自制克服了这些制约条件。同样的高经济增长故事也很快扩展到包括中国在内的其他很多亚洲国家。

日本经济学者曾用“雁行理论”描述区域内的经济发展模式。在 20 世纪 50 年代至 70 年代，日本领导了战后第一轮的高速经济增长，成为欧美之后第一个非西方的工业化国家；在 20 世纪 60 年代至 80 年代，亚洲“四小龙”经济体（新加坡、韩国、中国台湾和中国香港）领导了第二轮的高速经济增长，一些东盟国家如马来西亚、泰国和菲律宾也加入了这一行列。20 世纪 80 年代以后，中国开始领导第三轮的高速经济增长。在三十多年接近两位数的年均经济增长之后，中国已经成为中等收入国家，并且进入了中速增长阶段。中国经济增长持续时间之长，对区域和世界经济影响之大，都超过了前两轮的经济增长。“雁行理论”解释了东亚经济发展在不同国家间的扩展效应，但并没有对东亚经济体内部的经济成长给出有效的解释。

那么如何解释东亚社会经济上的成功？西方主流经济学家尽管惊讶于东亚的经济成功，但对东亚成功背后的理论意义不以为然。很多学者用西方标准新古典经济学理论来解释东亚经济的成长。例如，东亚高经济增长一般被归结于这些经济体高水平的国内投资，而高水平的国内投资又与高水平的国内储蓄相关。这些经济体的出口竞争力很明显和它们的高劳动生产率和低单位劳动成本高度相关。这些经济体所采用的出口导向发展战略是最重要的一个政策因素，它促使这些经济体转型，成为具有全球竞争力和效率水平的经济体。

不过，现存西方经济学理论常常不能对很多经济现象的根源提供令人满意的解释，特别是不能解释导致这些经济变化的根本性的制度和社会力量。例如，德国和日本都是战后活跃的经济体，但是为什么只有日本成功地维持了长时间的经济增长？应当如何解释东亚经济体的出口导向的发展战略？为什么这一战略只在亚洲“四小龙”新兴经济体而不是在其他欠发达国家获得成功？为什么许多东亚国家不管教育回报率的高低而对教育有着强烈的偏好？是什么因素使得企业家精神得以在这些社会发扬光大？很显然，除了那些可以通过在经济学意义上量化检验的“硬”的投入要素，诸如资本、劳动力和技术以外，还有许多“软”的要素，诸如人们的态度和动机、信仰体系、社会关系类型和宗教习俗等等。所有这些“软”因素都会对“硬”的要素的发挥产生很大的影响。因此，人们要探索和寻求更为根本的解释。

20 世纪 80 年代末和 90 年代初，日本政府不满于西方社会（主要是西方主导的世界银行）批评日本政府的亚洲援助项目，资助世界银行 120 万美金来研究东亚经济的成功要素。因为日本是当时世界银行的第二大股东，世界银行便没有理由来拒接这一研究项目。[1]1993年，世界银行发表了这项研究结果，即题为《东亚奇迹》的研究报告。[2]世行的这份报告尽管承认了政府在东亚经济成功背后的作用，但仍然认为政府的作用只是执行了市场原则。就是说，解释东亚成功的仍然是西方新古典自由主义经济学。

与西方主流经济学不同，一些学者发现新古典主义经济学很难对东亚经济的成功提供令人信服的解释，并试图寻找不同的解释。[3]一个明显的事实是，这些经济体都在东亚文化圈内。因此，很多人认为，它们之所以能够成功是因为“亚洲价值观”尤其是儒家价值观和儒家社会的主流文化传统包含有促进经济增长的要素。一些学者开始沿着韦伯的方法来探讨儒家精神和亚洲资本

① 这个故事见 Robert Wade, “Japan, the World Bank, and the art of paradigm maintenance: *The East Asian Miracle* in political perspective,” *New Left Review*, 217（May/June, 1996）, pp. 3–36。

② The World Bank, *The East Asian Miracle: Economic Growth and Public Policy*, A World Bank Policy Research Report（New York: Oxford University Press, 1993）。

③ 这方面的文献很多，大多是政治经济学者的作品，最典型的是 Robert Wade, Governing *The Market: Economic Theory and the Role of Government in East Asian Industralization*, second edition（Princeton, NJ: Princeton University Press, 2004）。

主义之间的关系。当然，他们的结论和韦伯的结论刚好相反。正如前面所论述过的，韦伯认为儒家意识形态阻碍了中国资本主义的产生和发展。而这些学者则认为，儒家精神是有利于资本主义发展的。[①] 在20世纪80年代，儒家价值观和经济发展的关系引起了很多讨论甚至争论。延续至20世纪90年代，人们对于亚洲价值观的讨论引起了更大的争议。1997年亚洲发生了金融危机。这场危机被认为是对亚洲价值观的自我否定，西方的自由民主价值观以及相关的政治经济体制再一次被当作是亚洲的必经之路，具有普遍适用价值。然而，中国经济在20世纪最初十年迅速崛起，而且它的潜在经济实力和对世界的影响力远超日本和亚洲“四小龙”。再者，2008年始于美国并马上波及全球的金融危机被认为是西方新自由主义经济的必然结果。所有这些新的变化为再一次评价亚洲价值观提供了机会。

---

① 这方面的文献也不少，最典型的见余英时所著的《儒家伦理与商人精神》，桂林：广西师范大学出版社，2004年。

二、儒家价值观是东亚“经济奇迹”的根源吗？

那么，亚洲价值观能够解释东亚的成功经验吗？日本、亚洲“四小龙”以及中国都属于儒家文化圈，受到主流中华文化的影响，例如儒家价值观所重视的节俭、努力工作、尊重教育和尊敬权威。这些因素对这些社会的经济成功有着直接的影响。从这个角度来看，儒家价值观可以作为解释东亚经济起飞的最重要的外在变量，如同韦伯用基督教新教伦理来解释西方资本主义的兴起一样。

实际上，发展经济学家早已认识到，历史上任何社会和文化只要能够发掘和动员经济增长的积极因素都能够启动现代化。同时，同一国家内部的不同族群有着明显不同的经济表现，这种现象只有通过文化的或者社会的（而非经济的）因素才能得到满意的解释。1979年，亚洲“四小龙”新兴经济体尚未取得全球瞩目的成就。当时，西方学者科恩（Herman Kahn）就率先指出东亚经济成功与新儒家社会的文化特质有关。[①]类似地，两位海外著名日本经济学家 Michio Morishima 和 Harry Oshima 也把东亚经济成功直接与儒家的价值观联系在一起。Morishima 将日本的成功归功于日式儒家观念的作用，而 Oshima 认为，儒家文化中的理性、务实和功利的本质比印度教或佛教的社会价值观更加有助于现代经济发展，因此东亚的经济表现要优于南亚。[②]

在学术界，将东亚经济成功归因于儒家价值观念的说法引发了激烈的争论。一些强调方法论的经济学家往往对儒家文化不屑一顾，他们认为如果把儒家价值观或类似的文化因素当作东亚经济发展成功的根本原因，有可能存在一个严肃的方法论问题，即常常是同义反复（tautology），因为这种解释仅仅是用另一种方式来重述同一个观察到的事实。因此，在他们看来，文化解释只

① Herman Kahn, *World Economic Development*（Boulder, Colorado: Westview Press, 1979）。

② Michio Morishima, *Why Has Japan "Succeeded"?: Western Technology and the Japanese Ethos*（Cambridge: Cambridge University Press, 1984）; Harry T. Oshima, *Economic Growth in Monsoon Asia, A Comparative Study*（Tokyo: University of Tokyo Press, 1987）, and *Strategic Processes in Monsoon Asia's Economic Development*（The Johns Hopkins University Press, 1993）。

有很小的或是根本没有解释力。根据这种观点，韦伯论述儒家阻碍了中国资本主义的发生和发展没有道理，“五四运动”时期，中国知识分子将中国的贫穷落后归咎于儒家文化的理论也属于没有解释力的“同义反复”，同样没有任何道理。

大多数学者对儒家文化在经济发展中的实际作用持模棱两可的态度，而倾向于认为儒家价值观是经济发展的“必要但非充分”的条件，而不是东亚经济起飞的结构性因素或主要力量。换言之，当经济现代化的过程在这些国家启动之后，儒家价值观可以强化或促进经济增长。类似地，其他的学者则采用一种折中的方法，强调儒家文化的某些方面，例如重视教育和人力资源的发展，对东亚经济发展的积极贡献。很显然，并非所有的儒家价值观而仅仅是被美国社会学家贝格（Peter Berger）称之为“庸俗儒家文化”的部分，即不是传统中国士绅阶级所信奉的高雅的儒家文化，才与现代工业化有可能的直接关系。

文化和经济发展之间的关系具有普遍性，并非只表现在东亚或者西方。在儒家文化圈之外，伊斯兰教为主的马来西亚、佛教为主的泰国和天主教为主的菲律宾也都曾经经历了高速的经济增长，从低度发展跨入中等收入国家。这些表明即使儒家价值观有利经济增长，也无法证明其他宗教阻碍经济增长。

可以相信，尽管人们对文化和经济增长之间的关联没有定论，有关儒家价值观和经济增长之间关系的争论仍然会继续下去。如果西方经济学是基于西方的经济经验之上，那么能够充分解释亚洲经济的理论也必须基于亚洲的经济经验之上。因此，正如新加坡经济学家黄朝瀚（John Wong）所指出的，经济学家有关儒家文化与东亚经济发展的关系必须表述为可以检验的假设。仅仅说儒家精神导致个人储蓄增加从而提高资本形成是不够的，还必须能够具体而有力地显示，这样所形成的储蓄是投资在生产性的业务或工业上而不是花费在非经济的支出上，例如履行社会责任的奢侈消费（当然这也是儒家社会体系的一部分）。仅仅一般化地说儒家文化尊重教育和学习是不够的，还必须能够说明儒家价值观是如何在实际上促进了人力资源技能的提高，而不仅仅是鼓励自我修养或自我完善的文学追求。传统上，典型的儒家绅士是公开鄙视体力劳动的，他们轻视今天蓝领工人所从事的工作。简而言之，需要用现代社会科学更加严格的研究方法来检验“儒家文化促进经济发展”这一论说的“可操作性含义”。否则，这一论说将是没有学术结果的辩论，永远处于自说自话、同义反复的状态。[①]

三、亚洲价值观背后的东西方政治冲突

不过，应当指出的是，真正引发亚洲价值观争论的并非是其经济学意义上的解释能力，而是东西方之间的政治冲突。当学者们在为东亚地区的经济发展寻求文化解释的同时，这一地区的学者和政治领袖面临一个更大

---

① John Wong, “Promoting Confucianism for Socioeconomic Development: The Singapore Experience,” in Tu Wei-ming, ed., *Confucian Traditions in East Asian Modernity: Exploring Moral Education and Economic Culture in Japan and the Four Mini-Dragons* (Cambridge: Harvard University Press, 1996)。

的问题，即在全球化的背景下为东亚地区寻求文化和政治上的定位。经济发展方面的成就给东亚地区带来了自信。但是，正如前面所指出的，仅仅用儒家文化来解释是不够的，东亚的经济起飞也得益于西方尤其是美国的投资、技术和市场开放，得益于一个正在形成的全球化的制度体系。在全球化过程中，东亚地区在经济增长方面获得了很大的好处，但是在文化和政治合法性方面却面临巨大的挑战和压力。全球化在东亚地区被广泛理解为“西方化”或者是“美国化”。全球化所导致的不只是投资和贸易方面的变化，而且也是文化价值观、社会组织和政治模式的巨大变化。西方的市场制度、个人主义的生活方式和自由民主主义的政治模式在全球扩散，被当作是具有普世价值的东西。东亚地区在学习西方的经济制度方面保持相当开放的态度，但是在政治体制和文化价值观方面则有诸多的保留甚至抵制。在亚洲的决策者看来，这个经济开放和政治保守的特征正是亚洲成功的关键。

这是20世纪80年代和90年代关于“亚洲价值观”

争论的由来。可以说，当代全球化给亚洲的政治秩序所带来的威胁是亚洲价值观提出的一个重要政治背景。不过，应当注意两点。第一，倡导亚洲价值观的人在政治理念和文化社会背景方面并不全然相同。新加坡的李光耀被视为是亚洲价值观的积极提倡者。李光耀当然被视为是海外华人。但同样是亚洲价值观的积极倡导者的马来西亚前总理马哈蒂尔则信仰伊斯兰教。第二，亚洲领袖对“亚洲价值观”持有全然不同的看法。例如，李光耀和韩国前总统金大中就持相反的看法。前者积极提倡，后者否认亚洲价值观的存在。当然，这背后的理由并不难理解。金大中一生反对独裁，争取民主，自然不能接受经常被误解为反民主的亚洲价值观。①

尽管关于什么是“亚洲价值观”有待取得共识，但是大多数人都会同意，任何一个经济、社会和政治模式都有着它的历史文化根源，因而都是相对的，而不是绝对的。用西方文化来同化和取代东亚地区的文化会带来

① 有关亚洲价值观和民主政治之间的关系的争论见 Larry Diamond and Marc F. Plattner, eds., *Democracy in East Asia*（Baltimore and London: The Johns Hopkins University Press, 1998）。

严重的社会后果，包括家庭解体、社区衰落、犯罪率上升和社会冲突加剧，所以东亚地区需要捍卫自己的文化和对此文化的认同。

在很大程度上，亚洲价值观的争论是一场对东亚地区的历史和文化的再发掘和解释，使得更多的人们意识到基于儒家价值观之上的亚洲价值观是如何有助于本区域的经济和政治发展。一般而言，亚洲价值观强调家庭，尊重权威（家长、老师和政府），强调群体的经济社会利益而不是个人的自由和权利，重视社会稳定，依靠达成共识而不是通过对抗解决问题，强调政府的责任和对社会进行干预的权力。

很明显，直到今天，亚洲价值观仍然是一个建构中的概念，它所依赖的历史和文化本身是变动的，可以做多方面解释的。虽然儒家思想被当作是建构亚洲价值观的重要基石，但是有学者指出儒家文化在不同的社会阶层之间以不同的方式存在着，不同时期对孔子和儒家思想的解释也有差异，而且在中国大陆以外的儒家文化也有各自的特色，所以对儒家价值观的解释应该是开放和包容的。一个经常被讨论的例子是历史上的儒家精英对经商相当鄙视，这样一种价值取向非常不利于培育企业家精神，可以说是一种非常保守的意识形态。但同时，普通华人家庭由于各种原因需要孩子经商，以获得额外收入来源，和保守的儒家精英相反，这些从事商业活动的普通民众往往敢于承担风险，展现出勇于尝试的创业精神，并且他们万一失败，还有家庭可以作为最后的依靠。所以对于普通民众来说，家庭成了鼓励冒险和创新的保障。显然，任何关于儒家价值观的讨论不能只停留在儒家经典，还要关注儒家文化如何体现在日常生活之中。

东南亚地区的马来西亚、新加坡还有印尼在 20 世纪 90 年代对亚洲价值观表示出了相当大的兴趣。马来西亚和新加坡提倡亚洲价值观是因为这两个国家都是多元种族和宗教的社会，亚洲价值观的概念可以包容马来人的伊斯兰教、华人的儒家文化和印度族的印度教，所以既可以在不同的宗教和种族之间创造一个共同的价值观，也可形成一个新的意识形态用来抵御西方的文化侵蚀。在其他地方，例如日本、印尼以及印度，亚洲价值观的提法得到了不同程度的响应。

亚洲价值观从一开始提出就饱受批评，批评不仅来自于西方，也来自于本区域内的一些学者和政治领导人。批评者不仅质疑是否存在一套所谓的亚洲价值观，更从政治的角度来理解亚洲价值观后面的动机。亚洲价值观往往被理解为一个反对自由民主、维护权威政治的手段。在提倡亚洲价值观的背后是以一种落后的甚至不存在的意识形态来压制具有普世价值的民主、人权和言论自由。面对种种指责，亚洲价值观的倡导者常常发现他们处于一个艰难的被动辩护的境地，他们的努力甚至在区域内都得不到普遍的认可和强有力的支持。

1997 年的亚洲金融危机冲击了亚洲的经济，导致了苏哈托政权的垮台，对亚洲价值观的倡导者也是一个沉重的打击。西方的批评者认为，如果存在亚洲价值观，而亚洲价值观是东亚经济奇迹的文化基础的话，那么它也应该为亚洲金融危机负责。亚洲价值观或者亚洲传统中的任人唯亲、裙带关系和腐败根深蒂固，亚洲金融危机深刻地暴露了这些问题，使得为亚洲价值观的辩护更加困难。此后的很长一段时间，关于亚洲价值观的辩论趋于衰落。

四、基于亚洲经验的亚洲价值观：政府在社会建设中的关键作用

客观地说，迄今为止，对亚洲经济奇迹背后的亚洲价值观的研究是不深刻的。这不仅仅是因为上述所说的方法论上的困难，更是因为对亚洲价值观的争论过于政治化和意识形态化。不过，无论是方法论上的困难还是政治意识形态的干预，都是可以得到解决的问题。

方法论上存在着困难并不是意味着科学研究的不可能性。西方经济学植根于西方经验之上，亚洲要建立基于自身经验之上的经济解释并非不可能。至少到目前为止，对亚洲价值观的解释，无论是正面的还是负面，都是以西方经验为基点，而非以亚洲经验本身为基点的。

诸种思维仍然承继了本文所讨论的东方专制主义的逻辑，即在各种解释中，亚洲价值观只是西方价值观的一个参照对象，而没有获得主体地位。西方学者持这种观点很容易理解，因为人们所做的研究很难超于其文化的潜在影响。亚洲学者尽管感觉到西方理论不能有效解释东亚经验，但他们对西方的诸种解释的批评至多是遵循萨依德的东方主义方法论传统，即只指出西方的解释是如何建构起来、为什么不可以解释亚洲，但没有回答亚洲经济到底是怎样的这个至为核心的问题。[1] 实际上，东方主义方法论背后的思维方式和东方专制主义并无二致，所区别的只是“一正”和“一反”。可以说，亚洲学者仍然处于一个“回应”东方专制主义的阶段，还没有把亚洲作为思维的主体。首先把亚洲确立为主体，然后再用科学的方法来解释亚洲，那么能够解释亚洲的亚洲社会科学就会逐步确立。从西方学者建构西方价值观并把西方价值依附在其社会科学的历程来看，亚洲学者

① Edward W. Said, *Orientalism*（New York: Pantheon Books, 1978）。同一思维也表现在对中国的研究，例如 Ming Dong Gu, *Sinologism: An Alternative to Orientalism and Postcolonialism*（New York: Routledge, 2013）。

要建构亚洲价值观并非不可能，所需要的只是自觉的意识和努力。

而政治化和意识形态化则是可以有意识加以去除或者减少到最低程度的。在充分了解西方的历史经验的情况下，亚洲的学者们并不难分离西方著作中的政治意识形态成分和科学成分。在研究过程中，很少有学者能够做到韦伯所说的完全的“价值中立”，因为即使不受意识形态的制约，也会受作者成长环境的文化要素的制约。实际上，大多数伟大的社会科学著作都是学者思考现实问题的产物。如果考虑到这一点，学者就不难分离著作的作者所观察到的经验事实和其对经验事实的价值判断或者评价了。

也就是说，通过论述亚洲经验来论述亚洲价值观，再来建立亚洲社会科学是有可能的。要实现这个目标，亚洲有很多的事情要做。西方的社会科学建设经历了一个从近代宏观论述，到中观论述，再到当代微观解释的过程。亚洲学者在没有宏观和中观的论述的情况下，因为受当代西方社会科学的影响而直接跳到微观解释，这使得建设亚洲社会科学成为不可能。很显然，首要的任务是要对亚洲经验建立宏观的叙述。

从一个宏观层面看，迄今为止，在论述东亚经验的时候，人们要不强调经济要素，要不强调政治要素，而大大忽视了社会政策。在前面提到的世界银行的报告中，社会政策（公共政策）仅仅被视为经济政策的一部分，一个不重要的组成部分。但实际上，社会政策是东亚经济的成功故事中极其重要的一部分。有效的社会政策保障了社会公平、社会政治的稳定、中产阶级以及消费社会的产生和发展等对经济发展非常关键的要素。

实际上，和西方比较，日本和亚洲“四小龙”在市场经济、社会政策和政治发展的道路上是非常成功的典范。可以把东亚道路总结为：先经济、再社会、后政治；先发展、再分配、后民主。日本是亚洲第一个现代化的国家。在明治维新和之后的很长一段历史时间里，日本首先进行了国家制度建设，包括中央集权的政治制度和经济制度。日本的民主（确切地说是选举政治）是在二战后美国占领期间建立起来的，但人们都明白，尽管也像西方那样是选举民主，日本民主和西方民主不一样。在很长历史时间里，日本是一党独大体制，即日本自由民主党牢牢掌握着国家政权，是一种高度集权的民主体制。尽管自民党内部有派系竞争，但反对党没有能力挑战自民党的一党独大。在20世纪60年代经济开始起飞之后，日本花费了大约20多年的时间，建立起一个庞大的中产阶级。同时，因为政府财力的增加，政府开始大量进行社会投资，社会保障、医疗卫生、教育等方面的制度建设加速。应当说，选举民主在社会建设方面扮演了一个积极的角色。因为要得到选票，政治人物努力把国家财政大力投入社会建设。资本主义和市场经济保障了日本长时期的经济发展，而在社会制度保障下的庞大中产阶级构成了日本社会稳定的基础。

日本之后，亚洲“四小龙”也基本上走上了类似日本的道路。唯一不同的是在民主化方面。表面上看，日本的民主化发生在经济起飞之前。但是，民主化发生的主要原因在于美国的占领，并且是一党独大的权威主义式选举民主。而在“四小龙”，经济发展、社会建设都发生在民主化之前。“四小龙”首先是建立一个权威主义政权，然后实现高速经济发展。等社会积累了一定的财富，政府再搞社会制度建设。而社会制度建设和中产阶级的存在又为和平的政治开放和民主化创造了条件。一方面，中产阶级在其生活水平达到一定阶段之后，开始有政治参与的要求，这是民主化的动力；另一方面，社会制度和中产阶级的存在又保障了民主化进程的和平性质，即人民都能理性地参与政治过程。在“四小龙”当中，韩国和中国台湾已经实现了民主化，新加坡正在变得更加民主，中国香港的中产阶级也在追求民主化。但不管如何，如果和欧洲国家早期民主过程中大规模的暴力行为（尤其是工人阶级运动）相比，在东亚社会的民主化显得非常理性、有序、和平。

从国家和市场、政府和人民的关系看，东亚模式的成功主要是他们选择了与西方先发展国家和苏联东欧国家计划经济不同的“第三条道路”。与西方先发展国家相比，在东亚，政府扮演了一个更为重要的角色。在西方，无论是经济发展还是社会建设都经历了一个比较

“自然”的过程。经济发展主要是由市场驱动，政府在其中的作用并不很大，主要是规制经济活动的角色。在社会建设上，只有等出现了大规模的工人阶级运动、西方整体制度面临危机的情况下，政府才开始涉足社会领域，政府开始和资本分离，把建立在资本基础上的政治合法性转移到以依靠选票的民主合法性。很显然，这种历史经验深刻地影响了西方学者的社会科学（包括经济学）的建构。

但在东亚尤其是“四小龙”，情况有很大的不同。政府通过各种方式来促进经济发展，形成了学界所说的“发展型政府”（developmental states）。更为重要的是，政府主动采取有效政策，进行社会制度建设，培植中产阶级，从而避免了类似西方早期具有暴力特征的工人阶级运动。日本政府在进行社会制度建设的同时，从20世纪60年代开始通过类似工资“倍增计划”等政策，提高劳动者工资，扶植中产阶级的成长。中国香港、韩国和中国台湾大力扶植民营企业，尤其是中小企业，造就了有利于公平性经济增长的经济结构。这里，日本和韩国的企业集团值得强调。日本和韩国的大型企业集团在各自国家的经济发展尤其是国际竞争力方面起到了关键的作用。大型企业集团的产生和发展是政府和企业联盟的结果。没有政府各方面的大力支持，这些民营企业很难实现日后的大发展。支持这种发展模式的人称之为“东亚战略型资本主义”，但批评者（主要是西方学者）称之为“权贵资本主义”，前者指向政府和企业关联的优势，后者指向这种关联的劣势。新加坡政府在促进经济增长和社会制度建设方面更是典范。从社会阶层变化来说，东亚社会的中产阶级从产生到壮大花费了比西方短得多的时间，这是政府和企业合作的功劳。

与苏联和东欧共产主义不同，在东亚，政府不仅容许市场扮演一个更为重要的角色，更为重要的是创造制度条件促进市场的发育和成长。苏联和东欧模式就是政府和社会的结合，消灭资产阶级和市场机制，代之以完全由政府主导的计划经济。东亚社会拒绝这一当时非常激进的选择，而是走上了利用市场机制加政府干预的道路。日本和韩国政府大力扶植民营企业，政府动员大量的资源，投入具有战略性意义的产业，使其产业在很短的时间内能够和西方发达国家的企业相竞争。台湾政府也通过类似的政府政策，在大力扶植战略型产业的同时支持中小企业。香港尽管是典型的自由市场，但政府也扮演了重要的角色，即通过法治来保障自由市场的运作。新加坡比较特殊，发展出一个庞大的政府产业（政府关联企业和政府投资企业），这和其他经济体不同。但是，在充分利用市场这方面，没有重大的区别。新加坡的国有企业与苏联和东欧计划经济下的国有企业完全不同。道理很简单。在新加坡，企业是企业，企业的运作必须符合市场规则，政府不会保护自己的企业使之免受市场的竞争。

五、东亚经济体的新变化以及亚洲价值观的载体转移

因为对政府作用和市场作用的充分运作，东亚经济体在很短时间内赶上了西方，用三十多年的时间走完了

西方一百多年的进程。不过，在全球化时代，东亚各经济体今天也都在不同程度上面临严峻的挑战，东亚模式也正接受考验。这里至少有两方面的因素。客观上说，作为全球经济的一部分，东亚经济也不可避免地遭受全球经济的冲击。所有东亚经济体都是出口导向的外向型经济体，高度依赖于西方经济体。世界经济的变化必然会影响到东亚经济。不过，这里也有主观上的因素，即这些经济体逐渐失去自己往日的“战略性”，越来越具有西方经济体的特征。日本在很大程度上类似西方。在20世纪80年代的房地产泡沫破灭之后，日本改变了自己特有的经济运作方式（例如强调政府作用、企业终身雇佣制等），力图引入西方式经济竞争模式。不过，现在看来，不仅没有成效，反而在恶化经济情况。日本社会仍然难以适应西方新自由主义式的竞争模式。此外，也和西方一样，日本的大众民主现在已经很难产生一个有效的政府。传统上，自民党内部通过各种协调机制达成共识，但现在执政党和反对党之间在很多政策上正在向“互相否决”型政党体制演变。

亚洲“四小龙”的情况也在变化。韩国在经历了1997年亚洲金融危机之后，大力进行经济改革。2008年的全球性经济危机对韩国影响并不显著。直到目前为止，在促进经济发展方面，韩国政府仍然能够继续扮演一个积极角色。政府的政策并不是被动跟随“民意”，而是在塑造“民意”，克服来自民粹主义的压力，领导国家的经济发展。并且在韩国，大企业集团占据大部分经济版图，“民意”很难影响到经济体系的运作。中国台湾和中国香港的经济现在越来越依赖中国大陆，在产业转移方面，和西方一些经济体有很多类似的地方。这两个地方的主要问题是政治问题。香港缺少一个有效的政治领导层在经济发展过程中扮演积极作用的同时协调经济和政治的发展。台湾的民主化比较和平，但民主化对经济运作产生了很多负面的影响。在20世纪90年代，中国台湾和新加坡的人均GDP处于差不多的水平，但现在台湾的人均GDP还不到新加坡的一半。同时，随着民主化进程，民主化有很浓厚的民粹化味道。官员简单跟随“民意”，着眼于短期利益，有利于长远经济发展的政策很难到位。其中一个结果就是，政府的社会开支越来越大，债务严重。台湾如何逃离“欧洲式”福利社会危机是其面临的艰巨任务。新加坡到目前为止仍然理性地追求着自己的发展模式，也有效避免了其他东亚经济体的弊病。例如，新加坡不想盲目引入欧洲式福利社会，而是发展出有利于可持续发展的社会保护模式。不过，随着民主的大众化，新加坡模式也要接受挑战。

日本和亚洲“四小龙”的经济成功是 20 世纪 80 年代和 90 年代亚洲价值观讨论的时代背景。表面上，1997—1998 年的亚洲金融危机给亚洲价值观以致命的打击，但实际上，很多客观因素决定了日本和亚洲“四小龙”很难成为亚洲价值观的载体。很多因素似乎都和地缘政治因素有关。这些地方自近代以来一直处于西方地缘政治的影响之下，一些地方曾经成为西方的殖民地，而所有经济体在冷战期间都属于西方阵营。这个事实导致了物质和思想的“西方化”，即无论是经济还是思想都是西方的一个延伸。再者，尽管这些地方在传统上属于儒家文化圈，但毕竟不是儒家文化的核心地带。

很多学者都会认为，自近代以来中国本土的历次“反儒家运动”使得儒家文化在海外要远比中国本土继承得好。但这一事实既不能说明除中国之外的这些儒家文化圈社会能够成为亚洲价值的载体，也不能说明中国本土不能再次成为亚洲价值的载体。还有另外一个因素就是，除了日本，这些地方本身很小，无论是土地面积还是人口。日本曾经是世界上第二大经济体，而且其成功也是“日本要素”而非西方要素的结果，但日本是通过“伪装”成西方国家而得到西方的认同，从而失去了从话语上影响西方的机会。而其他东亚经济体尽管也同样成功，但其“小体积”决定了非常有限的外在影响。

但不管怎样，亚洲以何种方式面对全球化/西化的问题会一直存在下去。亚洲国家或社会拥有自己的传统和特定的生活方式，不管如何定义或描述这些文化，它们都不会轻易地让自己消亡于全球化的浪潮中。2008年开始的全球金融危机暴露了西方的制度体系中的问题，虽然这场危机的后果到今天仍然延续，亚洲对这场危机的批评远逊于西方对亚洲金融危机的批评，但是只要亚洲处在持续的崛起过程之中，亚洲迟早会再回到亚洲价值观或者类似的问题。从经济模式、政治体制到文化和生活方式，亚洲的每个国家和社会都会思考自己的定位。也许它们的答案受国内和国际的影响不尽相同，但是本土文化和外来文化之间的张力会促使它们寻找适合自己的应对全球化 / 西化的方式。

▶ 第五章

亚洲要对西方的经济政治制度做重新反思

今天再次提出重评亚洲价值观不仅仅是为了要继续研究东亚成功发展的原因，尤其是其背后的社会文化价值，也不仅仅是因为中国的崛起为人们提供了这样一个新的机会和新的动机，更是为了反思人类社会各种政治经济制度所面临的问题。在过去的两个世纪里，西方政治经济制度的确主导世界以至于一些西方人认为西方的体制是普世的，必将取代其他所有体制，即“历史终结论”。但是现在西方的体制也同样面临各种困境。经验地看，自从人类产生以来，多元制度从来就是共存的，找不到一个只存在一个制度的时代，也就是说从来就不会有“历史的终结”这一天。同时，不同的制度是可以互相学习和借鉴的。西方要走出当代的困境，也需要做制度的反思。

实际上，在西方，也不乏重评西方价值观的人们，这方面的论说已经不少。重评西方价值观应当是西方人本身的事情。对亚洲来说，重新反思西方制度也不是要否定西方制度。正如亚洲不喜欢西方强加给自己的东方专制主义话语，亚洲必须避免站在一个道德的立场以西方“妖魔化”亚洲的方式去“妖魔化”西方。今天重评西方价值观的目的是要探讨西方制度面临怎样的困境，亚洲如何避免盲目地把西方等同于真理。亚洲的制度体系在过去的二百年间也深受西方的影响，包容和吸纳了西方制度的很多要素。再者，面临制度困境，西方的制度也必然作调整。亚洲仍然需要继续学习西方制度的很多优势方面。

更为重要的是，重评亚洲价值观也并不是说亚洲价值观可以取代西方价值观，而只是说存在着亚洲价值观这样一个不同于西方的选择。不管人们喜欢与否，也不管东西方之间的争论是如何激烈，这两种不同的价值体系会永远存在下去。20 世纪 80 年代以来，东西方价值观争论的最终焦点在于经济和政治制度。我们这里也只聚焦于描述和分析当代西方经济和政治制度所面临的困境。

一、西方经济秩序困境：经济结构失衡

现有西方经济和政治制度面临着困境，并且两者是互相紧密关联着的。首先表现在经济秩序方面的严重结构性失衡。2008 年的全球性金融危机既是这些失衡的必然结果，也使得这些缺陷暴露无遗。西方国家过度消费，政府举债度日；美国滥用其铸币权，导致国际货币体系动摇；全球金融体系系统性风险不断增高，热钱到处流窜导致全球资产泡沫；国际自由贸易秩序正被区域自贸板块逐步侵蚀。

西方的结构性经济失衡是怎样造成的呢？这首先和

新自由主义经济学的崛起有关。新自由主义于20世纪80年代开始流行于英美国家的撒切尔首相和里根总统时代。开始时，焦点在于私有化和政府退出经济领域。90年代初，冷战结束后，新自由主义很快就发展到世界经济领域，主要是对经济全球化的理想化，错误地认为全球化会形成一种完美的国际劳动分工，各国可以并借其“比较优势”来促进无限的经济发展和财富的积累。“看不见的手”和“比较优势”是古典经济学的核心，这两者都促成了2008年的全球金融危机。

在新自由主义意识形态主导下，西方各国在不同程度上走上了经济结构失衡的道路。主要表现在如下关键领域：

第一，国内产业格局的失衡。

产业转移所造成的不同产业之间的失衡。冷战结束后，很多西方国家加快了产业的转移，把大量的被视为是低附加值的产业转移到包括中国在内的发展中国家。这一方面加快了经济全球化的步伐，同时也使得很多本来很封闭的发展中国家加入到全球化浪潮中来。一些西方国家（尤其是英国）甚至大胆地放弃了大部分制造业，全面转向高附加值的服务业。这就导致了制造业和服务业之间的失衡。在服务业中间，西方过分侧重于金融领域。在过去的很多年里，金融业是西方获得财富最主要领域，也是国内经济最为繁荣的产业。产业转移的目标是产业升级，但升级既可以在同一产业链上升级，即通过增加技术的含量来增加附加值，也可以通过把附加值低的产业转移到其他国家而发展新产业来追求附加值。这两种途径都是可以的，但一些西方国家在没有找到新兴产业的时候，就把已有的产业转移了出去。产业转移必然影响到就业，而就业又转而影响消费和政府财政等方面。2008 年的金融危机表明，凡是制造业仍然领先的国家（如德国），受危机的影响就小；凡是金融业发达的国家（如英美），不仅制造了危机，而且也影响到本国的制造业。到今天，那些制造业大量流失的西方国家仍然深陷危机。

第二，社会性投资与生产性投资的失衡。

与产业失衡相关的是社会性投资和生产性投资之间

的失衡。因为存在着福利制度，社会性投资在西方不可或缺。在大众民主的政治压力下，社会性投资即使政府不乐意也很难减少。英国撒切尔政府期间曾经想把社会部门包括医疗和教育私有化，但遇到民主政治的有效抵制。希腊等国家今天的政治危机主要表现在社会抗议也是因为福利和经济之间的矛盾所致。同时，西方各国生产性投资显得不足。首先是因为很多产业转移了出去，实体经济空间大大减少，生产性投资缺少了目标。西方的很多生产性投资是通过 FDI 的形式投资到海外企业。企业的大量出走，加上人口结构的变化，也导致了政府税基的缩小。人口老龄化还意味着政府需要越来越大的社会投入，但国内的税基缩小却限制了政府支出。那么，政府的钱从哪里来？政府只有搞债务财政。大多西方政府的债务财政节节升高，在背后有很多因素，但社会投入的负担是很重要的一个因素。

第三，金融创新与投机的失衡。

创新与投机冒险之间也存在着不平衡。创新无论是技术的创新和其他经济方面（如管理方式）的创新是企业可持续发展的关键。传统上，大多技术创新都发生在实体经济，尤其是制造业。实体经济的技术创新或者组织管理方面的创新才是可持续的，有利于社会和经济的总体发展。因为制造业被转移出去，或者制造业空间缩小，技术创新显得不足。因此，西方国家的企业把大部分财力用来搞金融创新。尽管金融创新也很重要，但这往往和投机或者冒险联系在一起。在很多情况下，金融工程和投机工程没有什么本质性的区别。各种金融投机又反过来弱化实体经济。2008 年的金融危机就是因为美国的金融资本把美国的实体经济（房地产）过分货币化的结果。在工具层面来说，金融衍生工具复杂的运作方式和数学原理掩盖了巨大的系统风险，日积月累就会导致系统性危机。当金融创新成为纯粹投机行为的理性化工具，金融体系就会走向畸形发展，进而拖累实体经济。

第四，政府与市场的失衡。

政府与市场之间或者说在“看不见的手”和“看得见的手”之间也存在着失衡。政府的作用在不同的经济发展阶段是不同的。工业化最先在西方开始，工业化早期也出现很多监管问题，但经过很长时间的演化，西方诸国在产业方面建立起了比较有效的监管制度。现在的监管问题主要出在金融活动的全球化和全球性监管制度之间的失衡。冷战后，金融产业尤其是全球性的金融产业得到了飞速的发展，各国的金融创新眼花缭乱。西方本来发展出了一套金融监管体系，但经历了 20 世纪 80 年代中期以来的自由化和金融市场的复杂化，监管也就与实践严重脱钩。全球化更加重了全球金融管制的难度，因为市场网络向全球范围蔓延，而监管权力却受到主权国家的限制。事实上，如果过分强调金融创新而非实体经济方面的技术和管理的创新，监管一直会处于落后状态。不管怎样，投机者总要比监管者聪明。

无论是西方内部经济结构平衡问题，还是与之有关的世界经济结构平衡问题，都不是在短期内能够做得到的。在今后相当长的时间里，西方各国除了预防可能的新危机和应付新危机之外，还必须增加生产性投资、加强监管、减少进口和增加出口，只有这样，才能从长远看，把内部经济和世界经济拉到一个新的平衡点。问题在于西方各国如何能够实现一个新的平衡点。历史地看，经济结构失衡的情况很难由企业界自身来重新实现均衡，而政府必须扮演一个主要角色。但从目前西方的政治来看，要建设一个强有力的政府已经变得非常困难。因此，在分析西方经济结构失衡的时候，我们也必须注意到西方民主制度所面临的困境。

二、西方政治秩序困境：大众民主的弊端

从政治上说，当今世界各国都面临着如何建立既符合世界潮流又适合自己文化传统的政治体制的问题。实际上，正如我们在前面所讨论的，“东方专制主义”就是西方人在探索其政治制度的过程中所出现的一环，一个并不重要的一环。其内核就是要探索一个适合西方的政治制度，只不过是拿东方（中国）做了“参照系”。

这个“参照系”是真实存在的还是一种对异国制度的想象，对很多西方学者来说并不重要。

历史地看，政治秩序建设从前是问题，现在是问题，将来也一直会是问题。在近代欧洲民族国家诞生之后，欧洲哲学家包括黑格尔曾经认为，“民族国家”是“历史的终结”，也就是说，民族国家是人类社会各种制度的最后最完美的阶段。[①] 之后，马克思等更是预言，国家最终会随着人类的进步而终结。[②] 同样，20 世纪 90 年代初，苏联东欧共产主义解体之后，就有日裔美国学者福山出来说，西方自由民主是“历史的终结”，即西方式民主是人类所能拥有的最完美的政治制度。[③]

已经有人指出，任何具有“终结”色彩的政治制度思维和“人类末日”论者的思维没有多大的区别。实际上，有关“历史终结”的观点，一方面是西方世界人类进步观（往往是历史单向线性观）的反映，另一方面也

① G. W. Hegel, *Philosophy of History*(New York: Dover Publications, 1996)。在该书中，黑格尔比较了东西方的不同历史哲学。

② Karl Marx, *Preface and Introduction to A Contribution to the Critique of Political Economy*(Beijing: Foreign Language Press, 1976)。

③ Francis Fukuyama, *The End of History and the Last Man*(New York: Free Press, 1992)。

反映了近代以来，西方式民主一直在不断扩张的乐观情绪。不过，在经验层面，这种乐观的观点很难找到足够的支持。如果深入考察，不难发现，西方式民主政治是随着西方的地缘政治扩张而扩张到非西方世界的，但随着西方民主的扩散，不仅民主的形式在不断变化，民主的质量也在转变，这是一个过程的两个方面，一方面是扩散，另一方面是扩散过程中所包含的危机。

近代形式的民主或者“一人一票”的选举制度起源于西方，逐渐向非西方国家传播。在西方，有大量的著作描述西方民主发生和扩散的过程，但近来最著名的还是哈佛大学教授亨廷顿生前所著的《第三波：20 世纪后期的民主化》。[①] 在这本书中，作者不仅论述了民主从西方向非西方传播的过程，也花了很多的篇幅来讨论民主发生和传播的条件。但很多人把亨廷顿的观点“庸俗化”，仅仅把民主作为一个价值和政治意识形态，把民主和“历史的终结”联系起来。

---

① Samuel P. Huntington, *The Third Wave: Democratization in the Late Twentieth Century*（Norman and London: University of Oklahoma Press, 1991）。

根据亨廷顿的归纳研究，第一波民主发生在 19 世纪早期，主要是民主在西方文化圈的扩张，其标志是普选权扩展到了白人男性。在其顶峰，第一波民主产生了 29 个民主国家。直到 1922 年，意大利的墨索里尼上台，第一波民主出现倒退，低潮的时候只剩下 12 个民主国家。第二波民主浪潮发生在二战之后，以美国为首的西方同盟获得了战争的胜利，民主也随之扩张。到 1962 年为高潮，当时有 36 个国家被视为是民主国家。但第二波民主也同样出现回潮，在 1962 年至 1970 年代中期，民主国家减少到 30 个。

不过，这里人们对这两波民主浪潮所产生的民主国家的统计数字，也具有很大的争议。白人男性的普选权，在很长历史时间里是有各种财产限制的，而女性和少数族群的投票权，更没有考虑进去。如果把这些因素考虑进去，民主的数量就要大打折扣。例如瑞典一直被视为是第一波民主化的国家，但这个国家直到 1971 年才把普选权给予女性。实际上，前面两波所产生的民主，也就是人们一般所说的精英民主，而非今天所看到的“一人一票”的大众民主。

第三波民主化始于1974年葡萄牙的内部变革，类似的政治变革在20世纪80年代扩展到拉丁美洲，在1986年至1988年扩展到亚洲社会（菲律宾、韩国和中国台湾等），然后是20世纪90年代初苏联集团解体之后的东欧国家。从数量上看，这一波成就最大，在这一波之后，有100多个国家被视为是民主国家。也不难看到，第三波的民主大都是非西方国家。

从民主扩张的过程来说，很容易得出上述“历史的终结”的结论。不过，民主的扩张的过程也是民主的危机过程。今天，无论在发达的西方还是在发展中国家，民主都面临着巨大的困境。这并不是说，非民主国家的政治秩序没有问题了。相反，很多非民主国家也同样面临甚至是更为严峻的政治秩序问题。就是说，无论是民主还是非民主国家，都再次面临政治秩序重建的问题。探讨西方式民主之外的政治秩序的可能性的意义就在于此。人们所要检讨的是一系列的问题：西方民主面临着怎样的困境？民主在非西方世界扩散过程中产生了怎样的问题？如何寻求西方民主的替代政治秩序？

毫无疑问，西方民主的核心在发生变化。这几乎表现在方方面面。从国家层面看，民主很难成为多民族国家的整合力量。二战以来，西方一直为民主能够整合国内各民族而感到自豪。西方一些国家，经常批评包括中国在内的其他国家的民族政策，但忽视自己国内的民族矛盾。实际上，这个问题一直存在。加拿大的魁北克法语人口，曾经公投要从加拿大独立出去，但没有成功。近来是英国的苏格兰。苏格兰成为英国的一部分已经几个世纪，但今天的局面表明，英国并没有真正成为人们所说的民族国家。类似的现象也存在于西方其他很多国家，一旦条件出现，独立自治运动会自然回归。

当然也会有人论证说，西方这些国家都能通过民主的手段，以和平的方式来解决问题。但问题是，民主如果意味着出现越来越多的小国家，人们并不能确信诸多小国家的并存，是否就是西方的政治常态。从历史上看，西方曾经出现几波帝国融合和解体的过程。近代欧洲国家的形成，既是帝国解体的产物，也是统一民族国家形成的过程。无论是帝国的解体还是民族国家的形成，都充满了暴力和战争。如果众多的小国家之间发生冲突，融合便会成为必然；而融合的过程往往不是民主的、和平的，更多的是通过暴力和战争。这一点几乎是历史的铁律，很难改变。

从理论上说，民主能够促成民族国家的整合。但从经验上看，并没有足够的证据来说明这一点。西方近代民族国家的形成绝非是一个和平的过程，而是一个暴力和战争的过程。确切地说，民族国家的形成大都是通过战争完成的。在民族国家形成之后，民主的过程的确有助于各民族之间矛盾的缓和。但即使是这样，也是有条件的，最主要的是经济因素。民族国家的形成，有利于资本主义统一市场的形成和经济发展；而民主又有利于经济发展的好处，扩散到不同社会阶层。在经济发展好的时候，不仅不同的民族可以得到整合，不同社会阶层也可以得到整合。但一旦发生经济危机，民族分化的力量和阶级分化的力量就会崛起，挑战现存民主国家。这个道理很简单。马克思还是对的，经济基础的变化，会导致政治上层建筑的变化。

今天的西方民族国家就面临这种局面。就民族问题来说，无论是苏格兰还是其他地方，都是受经济因素的影响。就苏格兰来说，这一波独立运动固然有其历史因素，但主要还是起源于撒切尔当政期间的新自由主义经济学。在大规模的私有化运动之后，苏格兰人的经济状况受到很大的负面影响，在政治精英和民众中产生了独立自治的概念。而英国政府长期以来并没有严肃看待这件事情，在很大程度上说，忽视了它。长期以来，苏格兰地方政府一直为苏格兰人的福利而努力，在有限的自治权力下，追求和英国“不一般”的政策。这种努力强化着地方居民的地方意识或者政治认同。

更为重要的是，民族问题不会因为民主政治的出现而消失。民主意识永远替代不了民族意识。在不同民族之间，任何一个问题的出现，都有可能转化成为民族问题。美国在经历了 20 世纪六七十年代的种族问题之后，人们过分乐观地以为种族融合了，种族问题解决了，于是出现了美国是种族“大熔炉”的民族理论。但 2014

年的弗格森枪击事件，再次说明了表面上的种族融合是如何脆弱。尽管美国已经产生了黑人总统，但民族问题依然照旧。在美国白人中间，并不乏痛恨黑人总统的政治人物和普通老百姓。

经济状况的变迁也影响着西方国家国内不同社会阶层之间的关系。经济好的时候，福利政策没有问题；但一旦经济转坏，福利就会恶化。在全球化的今天，西方各国经济都面临结构性调整，但福利社会有效地制约着这种调整。同时，国内收入差异加大，往日的中产阶级受到挤压。今天西方频繁发生的街头运动，就是这种经济状况的反映。实际上，弗格森的枪击事件所导致的种族冲突，也具有深刻的经济背景。问题不在于白人警察枪杀了黑人，而在于为什么这个事件导致了黑人迅速动员起来。这背后还是种族之间的经济问题。

就是说，西方民主是与西方经济和社会结构紧密地关联在一起的。经济社会结构的变化必然会导致民主形式的变化。也很容易理解，前者的危机也会导致后者的危机。亨廷顿讨论的三波民主化聚焦于民主从西方到非西方的扩展。从经济和社会结构变迁的历史看，西方民主内部的变化也已经历了三个大的阶段，或者说经历了三次大的转型。

在西方民主的历史上，第一波民主化可以说资产阶级的民主化。在民主化之前，西方大多是君主贵族政权。资产阶级是第一个有能力和君主贵族分享权力的社会群体。第一波民主就是马克思所说的资产阶级民主，也就是精英民主。在资产阶级民主阶段，民主和资本主义经济制度配合得非常好，即政府和资本之间的关系很融洽。诚如马克思所指出的，政权本身是资产阶级所产生，前者是后者的代表。从经济形式看，这个相当长的阶段属于原始资本主义阶段。政府和资本往往站在一起，对雇用工人（劳动者）进行剥削。这种“人吃人”资本主义可以从马克思、狄更斯、雨果等作家的描述中看得非常清楚。

第二波西方民主化的动力是工人阶级。资产阶级为了利润，大力发展产业，到处拓展市场。结果，不仅创造了大量的财富，而且也培养出一个庞大的工人阶级或者无产阶级队伍。这个阶级早期受资产阶级的剥削，但随着其组织化程度的提高，其基于“人口数量”之上的力量越来越强大。他们开始要求和资产阶级分享权力，要求改善劳动条件，提高工资等。工人阶级运动开始发挥政治影响力。工人阶级运动对西方民主的影响怎么说都不会过分。

第三波西方民主就是大众民主。资产阶级创造了工人阶级，工人阶级进入政治过程，这使得西方民主大众化变得不可避免。之后，各种社会群体包括妇女、少数种族等也通过各种社会运动（例如美国的黑人民权运动）进入政治过程，民主的大众化过程至少从理论上说已经完成。

现在人们把很多权利和民主化联系起来。在历史上看，的确很多权利尤其是公民的政治权利是随着民主化而产生的。不过，必须注意的是，很多方面的权利，尤其是经济和社会权利，在民主化之前已经实现。西方很多方面的社会制度建设发生在大众民主化之前，甚至在专制主义阶段。最明显的就是法国的教育制度是在拿破仑时代建立的；德国的社会保障制度是在“铁血宰相”俾斯麦时代建立的。可以说，西方大多数基本国家制度和大众民主化没有什么紧密的关联。

所以，我们一直强调，国家制度建设在先，民主化在后。大部分国家制度必须在大众民主化之前得到建立。如果不能得到建立，那么在民主化之后很可能再也没有机会了。民主化可以产生巨大的政治能量。不过，这种政治能量可以有效地摧毁现有的制度，但不能同样有效地建设新制度。历史地看，民主政治对国家制度建设的贡献并不很大。我们可以举美国为例。美国是典型的民主国家，其大部分制度都是建国那一代政治领袖建立的，后来只是修修补补。只有在 20 世纪 30 年代大萧条的时候，当社会经济的动荡威胁到政权生存的情况下，才利用危机确立了社会保障制度。2008 年金融危机之后，美国政府也试图为穷人建立医疗保障制度，但遇到了极大的困难。在危机没有对政权产生足够威胁的情况下，各方面的力量很难妥协，重大的改革自然很难成功。实际上，民主制度是一种极其保守的制度。在民主政治下，各方面的利益都可以得到表达，但要他们之间作重大的妥协则非常困难，因此民主制度非常有利于维持现状。

大众民主对西方的经济和政治产生了巨大的影响。在精英（资产阶级）民主阶段，尽管也开始了选举，但本质上说是政治精英和经济精英互相选择的过程，政治和经济体系互相配合，没有重大的冲突；在大众民主化的早期，政府开始和资本脱离，向社会倾斜，但政府还是可以超越资本和社会，在两者之间充当协调人。但在大众民主时代，政府很快向社会倾斜。大众民主说到底就是“一人一票”的选举民主。对政治人物来说，要得到政治权力，首先就要得到足够的选票。很显然，从选票数来讲，社会大众远较资本来得重要。这使得今天的大众民主越来越带有民粹主义的色彩。

在福利国家，大众民主对经济的负面影响越来越显著。民主在很大程度上演变成为福利政策的“拍卖会”。但问题是，谁来埋单？西方的政治人物不管自己国家的经济体已经不能承担福利负担，但为了选票还得继续承诺高福利。而大多社会群体则看不到自己的长远利益，他们也不愿放弃任何利益。高福利的钱从哪里来？向老百姓借钱，向外国借钱，向未来借钱，这些都是西方的方法。高福利也是当代欧洲危机的根源。

更为重要的是，大众民主也很难建立一个强政府。在全球化时代，政府的税收政策成为问题。一方面是本国资本全球化，但是政府没有有效的税收机制对流向海外的资本收税。不仅如此，政府也很难对仍然处于本国的资本者（富人）征税，因为一旦税收过高，会迫使这些资本者流向海外。政府所能做的就是继续向中产阶级征税。而中产阶级在制造业和金融业全球化的影响下，其生活已经相当艰难。政府向中产阶级征税就很难得到中产阶级的支持。更进一步，西方民主发展到今天，已经变成一种多党互相否决的制度。这和上述民主的保守性有关。因为各种利益都可以被动员，如果在各种利益比较平衡的情况下，谁也成为不了多数，就造成了互相否决的局面。

三、西方未来可能的制度选择：从选票民主到贤能政治

全球化、资本外流、就业不足、过度福利、弱政府，等等，所有这些问题是西方经济结构失衡、经济和政治失衡的结果。这表明西方的经济和政治制度又到了一个改革和转型的新阶段。就是说，西方民主需要做出另一种选择。要改善西方民主，西方必须改变其伪善的一面。西方现在主要把西方民主危机的根源，归结为外在的因素，既包括发展中国家的非自由主义民主的产生和发展，也包括像中国那样被西方视为是新型权威主义政体的出现。事实上，没有任何证据可以证明，非西方国家的民主和其他权威主义政体，对西方民主构成了威胁。正如西方民主的产生和发展的动力来自自身一样，西方民主所面临的问题也来自其自身的缺陷。再者，尽管一些人也看到了西方民主衰落的内在原因，例如公民社会和中产阶级的衰落，或者像 2008 年金融危机给人

们带来的对民主政府的不信任，但这些内部因素也只是表象，并没有涉及西方民主所面临的结构性问题。

如同任何政治体制，民主也需要与时俱进，适应时代的需求。在这个问题上，马克思仍然是对的，即经济基础决定上层建筑。当西方民主所依赖的经济基础发生变化的时候，民主的形式就要发生变化。西方自由主义民主所面临的，是其政治结构和其所处的经济、社会结构之间的深刻矛盾。

民主需要一定的经济条件。经济结构最为重要，因为这基本上决定了一个社会的社会结构，而社会结构又决定了民主的社会基础。近代以来，中产阶级是西方自由民主的主体。如果民主要生存和发展，就必须拥有一个有利于产生中产阶级的经济结构。毫无疑问，要实现这样的经济结构，西方必须花大力气来调整现有经济结构，尤其是产业结构。现在的产业结构是富豪—穷人结构，即绝少数人掌握巨大的财富，而大多数平民则没有足够的收入。这个结构不仅产生不了中产阶级，而且在摧毁着传统中产阶级的经济基础。当然，与此相关的是全球化。全球化为资本所推动，其所产生的好处也流向资本。西方社会越来越分化。一个高度分化的社会是不会有高质量的民主的。

同时，西方也必须改革社会政策。西方社会政策或者说福利政策在实现社会公平、保护中产阶级和稳定民主秩序等方面发挥了关键作用。可以说，没有社会政策，不仅资本主义，西方民主也很难生存。历史地看，社会政策既是对资本主义产生弊端的反应，同时也可以说是社会政策拯救了资本主义。不过，今天西方的一些福利社会已经发展到了极端。福利制度的极端化并不是因为福利制度本身，而在于“一人一票”之下的政治民粹主义。道理很简单，“一人一票”的大众民主如果要持续发展，其前提就是要求“一人一份”的（经济）贡献，也就是说，一个社会要实现政治权利和经济权利之间的平衡。但在现在的福利体制下，人们可以用“一人一票”的政治权利来获取“一人一份”的社会权利，而“一人一份”的经济贡献则被大大忽视。在选票决定一切的情况下，政治人物为了自己的私利，拼命许诺选民，导致了用政治权力来重新分配公共服务，既造成了很大的浪费，也培养了一部分人“不劳而获”的意识。如果经济、政治和社会权利不能回归平衡，民主很难回归正常运作。

要改变这种情况，西方的政治精英必须从选票民主中脱离出来。选举只是民主的一个部分，或者说表达民主的一个程序，民主还有其他更重要的内容。这一点上，西方似乎还须回到近代以来人们一直所注重的政治“美德”。在大众民主之前，西方的民主实际上是选拔制度和选举制度的结合，先选拔好一些具有“美德”的候选人，然后交给人民选举。在大众民主时代，政治“美德”已经衰落，变得毫无价值，因为选票而非“美德”规定一个政治人物是否是“精英”。在这个领域，西方民主也可以向东亚国家实践的贤能制度（meritocracy）学习。在贤能制度下，候选人的素质要包括教育程度、工作经验、决策能力、清廉和个人美德等方面。只有在满足了这些基本条件之后，才可以出来交予人民选举。强调“美德”，也可以促成政治精英之间重新达到共识，而无须诉诸民粹主义，讨好选民。精英之间的共识政治，可以促成政治人物去考量国家和社会的长远利益。实际上，正如一些研究者所表明的，在贤能政治体制问题上，东西方曾经具有高度的一致性。所不同的是，今天亚洲的一些社会尤其是中国和新加坡仍然实践着这种制度并且把这一制度现代化，但西方的大众民主已经彻底使得贤能政治成为不可能。[①]

的确，贤能政治的理念也曾经是西方政治理论的核心。古希腊时代，柏拉图在《理想国》一书中就提出，那些因具有卓越能力作出合乎道德的政治决断而被选出的政治领导人被赋予统治这一共同体的权力，这样的政体才是最好的政体。在随后的历史中，贤能政治也有相当的影响力。美国的开国元勋以及19世纪的密尔（John S. Mill）、托克维尔（Alexia de Tocqueville）等自由主义作家都提出了试图将贤能政治和民主政治结合在一起的政治主张。但是，在大众民主时代，贤能政治理论已经

---

① Daniel A. Bell and Chenyang Li, *The East Asian Challenge for Democracy: Political Meritocracy in Comparative Perspective*（New York: Cambridge University Press, 2013）。

从西方政治话语中消失了。

实际上，西方的一些政治理论学家已经对基于投票制度之上的民主提出了质疑。选民往往只自私地考虑自身狭隘的物质利益，而忽视了子孙后代和生活在国家边界以外那些受到政府决策影响的人们的利益。布伦南（Jason Brennan）就曾说，如果选民无法作出符合道义的政治决断，还不如不去投票的好。很多迹象已经表明，投票时追求狭隘的经济私利会让缺乏代表权的非选民们面临灾难性的后果。更为严重的是，选民们经常对自身的利益存在误解。卡普兰（Bryan Caplan）通过广泛的实证研究显示，选民常常是非理性的，他因此建议对选民的参政能力进行检测以作为矫正措施。不过，很显然，这样的建议在自由民主社会注定是行不通的。“一人一票”形式体现出来的政治平等原则在当今西方已经具有了近乎神圣不可侵犯的地位。在精英民主时代，密尔还能提出让受教育者获得额外选票的建议，但如今支持这种建议的人，在西方国家可能会被认为已经丧失了道德准则。

▶ 第六章

西方式民主的扩散及其危机

一、地缘政治促使西方式民主向非西方世界扩张

无论东西方，很多人往往把起源于西方的民主视为是普世的。如果从价值观上来看，民主的确具有“普世性”。我们在前面已经讨论过，在过去的数百年里，西方话语一直占据世界的主导地位，非西方即使有抵抗也并无任何话语权。西方向非西方推行西方话语，而非西方世界则接受西方话语。从这个角度上来看，近代以来

的民主在人们的观念中的确具有了“普世性”。但是，如果考察民主传播的历史，作为一种政治实践的民主是随着西方的地缘政治的扩张而扩张到非西方世界的，包括亚洲。

地缘政治是影响民主扩张的最主要因素。实际上，任何政治秩序的扩张都深受地缘政治的影响。历史地看，地缘政治秩序永远是第一秩序，而国内秩序无论是权威政体还是民主政体，则是第二秩序。第二秩序必然受第一秩序的影响和制约，并且第二秩序本身也必须向第一秩序作调整，直到第一秩序和第二秩序之间没有本质性的冲突为止。一个特定的地缘政治秩序会包容很多政体（国内秩序）。尽管它们不会是一模一样的秩序，但必须具有类似性。例如，尽管民主是一国一个模式，但必须具有一些共同的特征。传统上，东亚国家和地区深受中国儒家文化的影响，这些国家和地区也具有不同的政体，但也具有一些共同的特征。这也表现在世界上其他的地区，例如以苏联为核心的共产主义阵营中的各个国家，都具有非常类似的政治制度。人们可以把一个特定地缘政治秩序内部的政体，称为“类政体”。

从地缘政治秩序的角度来看，西方式民主的扩张是西方地缘政治秩序扩张的产物。西方国家在把民主从西方扩展到西方之外的国家和地区时，主要包括如下几种方式，如殖民地、军事占领、冷战阵线等。首先是殖民地。殖民地的目标当然不是西方国家为了推行当地的民主化。实际上，在殖民地统治期间，没有一个国家是实行民主的。但在殖民者撤离之后，留下了一些日后产生民主的殖民遗产。同时，在领导人民反殖民地的过程中，很多国家的政治精英大都受西方的教育，他们在国家独立之后，主动引入西方式的民主。

其次是军事占领，最明显的例子是二战后美国对西德和日本的占领，在占领期间推行西方式民主。在整个冷战期间，属于西方阵营的国家也在西方的压力下逐步实现民主化，至少推行表面上的选举制度。苏联集团解体之后，西方阵营的地缘政治秩序迅速扩展到原本属于苏联阵营的东欧国家。苏联本身的解体也促成了很多加盟共和国的民主化。

也有一些地区的民主化主要来自内部动力，但也受地缘政治的影响。东亚的韩国和中国台湾地区就是明显的例子。这些地方的政治精英为了应付来自地缘政治的压力，不得不实行民主化，以求得美国的支持。

辅助于西方地缘政治扩张的，便是西方资本主义的扩张。资本主义扩张对民主化的推动力，甚至比地缘政治更具有实质性的意义。资本主义的发展，为这些国家带来了工业化、城市化等现代化的内容。资本主义式的经济发展既造就了中产阶级，也造就了社会利益的分化。同时随着教育水平的提高，人们的民主意识也在提高。这些都促成了这些国家和地区的内部民主化动力。在非西方之外，民主性质的优劣往往取决于这些因素的成长与否。

二、西方的衰落导致非西方世界的民主危机

不过，这个民主扩张的过程也隐含着民主的危机。西方学术界和政策界花了大量的人、财、物力来研究如何扩张民主，但往往对这个过程中所包含的危机注意不够。很显然，民主在扩张过程中，出现各种不同的变种。总体说来，从西方到非西方，民主越来越不具备社会文化基础，在民主内容越来越微弱的同时越来越形式化，也就是西方所普遍定义的多党制和选举。在很多国家，除了多党制和选举，就根本不存在民主的其他重要内容。也就是说，在西方民主的扩张过程中，其形式远远多于内容。这种现象其实亨廷顿早就观察到了。作为一个现实主义者，亨廷顿一直强调西方式民主是西方文化的特有产物，尽管能够传播到其他国家，但并非具有普世性。但其他学者尤其是把西方民主视为一种意识形态和价值观的学者，并非这样看，他们把西方民主简单地视为是“放之四海而皆准”的普世性政治制度。

近代以来建立在民族国家之上的民主政治秩序，是西方地缘政治秩序扩张的产物。西方今天地缘政治环境的变化，尤其是美国的相对衰落，必然对非西方的民主产生极其负面的影响。负面的影响来自内外两个层面。就外在因素来说，这主要是因为西方和美国所背负的，可以称之为“民主的包袱”的东西。从内部因素来说，主要是非民主国家社会中，存在的对西方和美国的越来越高涨的不满情绪。这种现象在中东表现得非常明显。在中东，西方和美国可以说是在推翻着自己参与建立起来的政权。近代以来中东主权国家的形成和政府的确立，同西方有密切的关联。但现在西方和美国的认知变化了。从前，西方信仰主权高于一切，但现在信仰的是人权高于主权。如何实现和保护西方所认为的人权呢？西方的回答很简单，那就是政权更换（regime change）、多党政治和选举，也就是西方式民主。但是问题在于，在现存主权国家和政府被推翻之后，所出现的往往不是西方所希望的民主政权，而是其他。尽管一些国家也出现了貌似的民主，但并非真实的民主，更多的国家演变成为西方所说的“失败国家”。在现存国家失败之后，更导致了极端政治力量的崛起，例如“伊斯兰国”（ISIS）。

当然，西方衰落对非西方国家的影响，绝非局限在中东，从长远来看，更广大的地区包括非洲、拉丁美洲和亚洲都会受到一定的影响。这些地区民主的产生和发展，离不开西方和美国基于地缘政治利益之上的干预，主要是对这些地区亲西方力量的支持。一旦西方的支持减弱甚至不再继续，这些地区的民主政治的未来就会产生很大的不确定性。

在西方和美国相对衰落的同时，另一个重要地缘政治变动，就是俄罗斯的相对复兴和中国的崛起。如同西方的衰落，这个变动也必然对非西方的政治秩序（包括民主秩序）产生巨大的影响。苏联不仅确立了自己的地缘政治利益，而且也在其地缘政治利益范围内部的各个国家，形成了与自己相似的政权类型。在苏联解体之后，西方乘机侵入俄罗斯的地缘政治利益。随着俄罗斯的相对复苏，也必然要重建其地缘政治利益，甚至从西方夺回原来属于自己的地缘政治利益。俄罗斯已经和其中一些原来的加盟共和国，确立了独立国家联合体，即“独联体”。今天，俄罗斯和其中一些独联体国家的各方面关系密切化。乌克兰的例子，更是说明了俄罗斯要从西方收回自己的地缘政治利益的决心和不择手段。尽管俄罗斯现在也有多党制和选举，但西方并不认同俄罗斯的民主。俄罗斯在和西方的竞争中是否能够赢得胜利，这是另外一个问题。但有两点是明确的。第一，俄罗斯争取其地缘政治利益的努力永远不会停止。第二，第一秩序（地缘政治秩序）高于一切。如果俄罗斯赢得了胜利，在俄罗斯地缘政治范围之内的其他国家的政治形式，也必然要受制于俄罗斯本身的政治形式。

中东和乌克兰可能是极端的地缘政治阴影下的政治无序的例子。实际上，即使没有大国之间的地缘政治较量，西方民主扩散到非西方世界之后，便面临着几乎难以克服的问题。民主从西方扩散到非西方世界，也就是说，非西方世界的民主往往不是内生的。在非西方世界，民主所面临的问题就是和当地的社会、经济、文化和政治等因素不相吻合。很多国家的民主问题，都是因为简单照搬西方模式。民主往往是低度的。尽管存在着各种西方式的制度，例如多党制、三权分立、自由媒体等，但从来就没有运作良好。没有任何制度可以制约政治精英，民粹主义泛滥。同时，也没有政治精英来关注社会经济的发展，社会经济一直处于低水平。多党之间的竞争实际上沦落为党争，各自挟持自己的支持者，不是为了国家和社会的前途，而是为了多分一块本来并不是很大的经济蛋糕。因此，腐败、政治激进化、无政府、暴力和贫穷都是这些民主的常见现象。很多发展中民主已经深深陷入低度发展和低度民主的恶性循环之中。

无论是从西方的经验还是从后发展中社会（例如亚洲“四小龙”）的一些成功经验来看，要逃避这个循环，政治精英还是关键。这些国家的民主本来就是由政治精英引入，民主所面临的问题还是得由政治精英来解决。政治精英之间不仅要对权力分配方式达成共识，更应对国家发展道路的选择达成共识。人们必须意识到，民主从来不会从天上掉下来，不能欺骗老百姓，说只要有了民主，经济和社会好处都会随之而来。经济发展、社会建设、基本国家制度建设，都是运作一个良好的民主所需要的。没有这些，民主便会走向反面。不过，这些已经陷入低度发展和低度民主恶性循环的发展中国家，要跳出这个恶性循环并不容易。在亚洲、非洲、拉丁美洲，很多国家已经长期陷入这样的恶性循环，在过去的数十年间，没有发生任何具有实质性意义的变化，也没有任何迹象表明，这些国家很快能够跳出这个循环。

问题在于，在非西方世界，今天人们的权利意识远远领先于文化、制度、经济和社会条件。也就是说，权利意识已经成为现实。这个现实必须成为人们思考问题的起点。人们不能忽视或者低估这种超前的权利意识的重要性。民主已经成为现代性的象征。不管结果如何，人们都会去追求。这样，问题的核心不在于需要不需要民主，而是需要什么形式的民主。换句话说，在非西方国家，如果不想步入西方式民主，那么有没有可能找到一种可替代的选择？或者说，人们需要寻找一种既能满足人们的民主权利意识但又可以避免民主政治所能带来的诸多恶性弊端的替代民主形式。这也是今天重估亚洲价值观的意义。我们要回答的问题是：一种建立在亚洲价值观之上的民主是不是一个非西方的政治选择？

▶第七章

中国的崛起与“亚洲价值观”的重估

一、中国崛起带来的三大宏观影响：儒家价值、地缘政治与中国模式

理解了西方和非西方的经济政治制度所面临的困境之后，就不难理解作为亚洲价值观发源地的中国制度崛起的重要性。这里，人们需要探讨的是中国的崛起能否为人类提供另一个经济政治制度的选择。客观地说，至少有三个宏观层面的重要的因素决定了中国的崛起必然

要对亚洲价值观做重新的评估。

首先，中国是儒家价值的源点，更是一个文明之上的国家。历史上，中国文化呈现出巨大的开放性，消化和吸收了各种外来的文化，是世界上一个从来没有中断过的文明。近代以来，尽管衰落，但从来没有成为一个完全的殖民地，至多，如毛泽东所判断，也是一个“半殖民地”国家。正因为如此，中国存在着其他所有东亚社会所不存在的文明复兴的潜力。实际上，中国已经进入这样一个文明复兴的过程。这种复兴的过程并非对传统的简单回归，而是传统价值观现代化的过程。和以往经验一样，现代化的过程也是一个向外来文化开放并加以吸收和消化的过程。

其次，中国崛起所带来的地缘政治影响。正如前面所讨论的，东方专制主义的流行是西方地缘政治利益衍生到东方的产物。历史上，儒家文化的形成也是中国地缘政治影响力扩展到整个东亚的产物。要注意的是，历史上的这种扩张并非是因为政府的努力，而是因为社会层面的自觉的传播。近代以来，西方地缘政治力量在亚洲扩展的过程也是中国在儒家文化圈的影响消退的过程。今天，随着中国的再次复兴和崛起，其地缘政治的影响力势必也会再次扩展。这种扩张和中国政府的主观意愿没有多少关联，而更多的是取决于资本和文化价值的自觉传播。

中国的崛起会导致其地缘政治利益环境的变化，不仅对自己内部发展有影响，对周边地区的发展，也会产生或多或少的影响。自近代以来，中国被西方打败，失去了大部分地缘政治利益。现在随着中国的再次崛起，中国也必然要重建其地缘政治利益。国家的统一是恢复中国地缘政治利益的第一步。在香港和澳门和平回归之后，中国也在寻找和台湾统一的方法。不管怎样，中国是不会容许香港、澳门、台湾、西藏和新疆等区域从中国独立出去，不管以何种方式。正因为在这个意义上，中国把这些界定为核心利益。和所有其他大国一样，一旦这些核心利益受到损害，中国会不惜一切来保护。

中国地缘政治利益关切，也会影响这个地区的政治形式。今天在香港泛民主派和中国有关香港特区民主化的争论，就是这方面的反映。尽管中国并不反对香港的民主化，但也不会容许香港的政治发展超出自己的控制范围。香港的泛民主派仅仅是从民主化的角度来看问题，忽视了中国作为一个大国对其地缘政治的考量。如果这个情况继续下去，两者之间的冲突便不可避免。

同样，中国的崛起也会对周边国家和地区的政治形式产生影响。这不是说中国要干预其他国家和地区。历史地看，中国从来没有干预过其他国家和地区所发展起来的政治形式。即使在中国内部，不同民族所采用的政治形式也是不相同的，例如西藏和新疆有自己的政治形式，南部各个少数民族都有自己不同版本的土司制度。今天，中国一直所强调的不会把自己的制度强加给其他国家和地区的政策，是中国文化传统精神的反映。但中国崛起之后，对周边国家和地区政治形式的影响，和中国主观的愿望不是那么相关，而更多的是周边国家和地区，逐步地会向中国调适。传统上形成的儒家文化圈的政治形式便是如此。

再次，更为重要的是改革开放以来当代中国的成功经验。如果中国的地缘政治影响力不可避免，那么核心的问题便是：中国能够提供一种非西方的经济和政治秩序吗？很显然，尽管中国本身的经济和政治秩序也正处于变动之中，其中更不乏所面临的严峻挑战，但这种变动中的秩序也表明一种不同于西方的经济和政治秩序正在形成，并且为世界提供一个不同的秩序选择。改革开放以来，中国从一个极其贫穷的国家在短短几十年里成为世界上第二大经济体，并且进入中等收入社会，这本身就是一个奇迹。这里所包含的成功经验既是中国本身的，也是世界的。很简单，中国是在开放状态下取得成功的，这份成功既有中国传统的要素，也有学习其他国家的要素。而各种要素的整合正在演化出新类型的经济和政治制度，也就是中国模式。

对世界来说，这里的一个重要问题在于：中国模式能否成为西方模式之外的另一个选择？当代西方所经历的危机告诉人们，西方模式也并非完美，也需要随着现实的变化而变化。既然西方模式不是放之四海而皆准，那么也有其他模式的可能性。中国模式就变得非常相关。不过，强调中国模式并不是说中国要取代西方模式，而只是说，中国在发展着和西方不同的发展模式。不同的模式不是一种互相排斥敌视的关系，而是一种可以互相学习借鉴的关系。如前所说，中国模式的产生和发展是在开放状态下进行的，就是说，中国模式深受外在环境的影响。这表明，中国模式和外在世界的紧密相关性。中国模式成功了，外在世界可以学习借鉴。这不仅对发展中国家来说如此，对发达国家也如此。那么，中国会发展出一种怎样的经济政治秩序呢？

二、形成中的中国经济秩序：“（政）府内市场”的混合经济

中国的经济秩序，用官方的话语来说，是一种混合型经济秩序。西方对中国经济秩序经常迷惑不解，有各种称呼，例如“国家资本主义”“权贵资本主义”等。

同时，也有很多学者发现中国存在着私营或者民营资本主义。很难用西方经济学概念来解释中国经济体。实际上，上述各种所谓的“资本主义”形式在中国都是共存的。在顶端是国家资本主义，在底层是符合亚当·斯密所描述定义的自治性质的资本主义，而在这两者之间的则是国家和民间合作的资本主义或者一些人所说的“裙带资本主义”。中国官方本身用混合经济来概括中国经济体，倒是比较符合事实。在这个混合经济秩序里，国有部门和非国有部门、大型企业和中小型企业、各个产业部门之间、政府与市场关系等保持平衡。一旦严重失衡，危机就会接踵而至。世界上哪里也找不到像中国那样的一个经济秩序，在那么长的历史时期里，总有一个很强大的国有部门，国家对关键的经济领域起着直接的作用。国有部门承担着国家的很多功能，包括公共基础设施的建设、对付随时发生的各种各样的危机、平衡市场的力量等。这些在汉代的《盐铁论》里面讲得很清楚，历朝历代也都实践着这些理论。国家的这种经济功能在西方是找不到的。一些人总把国有部门和毛泽东时代的计划经济联系起来，这不是大历史的看法。毛泽东只是把历史上早就存在的国家的作用推向了极端。

很多人都用西方的经济秩序来衡量中国经济秩序，似乎西方经济秩序就是中国的改革目标。但如果中国可以变成西方，那么就没有中国秩序了。大家说中国是转型经济，就是从计划经济转型到市场经济，从国有到私营经济。这就没有看到中国经济秩序的本质。正是因为中国有个强大的国有部门，像西方那样的私有化在中国不会发生。从历史上看，私有经济或者民营经济在中国一直是存在着的，但中国绝对不可能走到像西方的那种完全私有化的地步。好多经济学家，一说解决问题的办法，就是私有化。这脱离中国的现实。中国的经济只有一部分是私有化。全面的国有化和全面的私有化都不是中国经济的常态，混合经济秩序才是中国经济的常态。

如前面所讨论过的，西方的经济秩序，个人主义走过头了就出现了大问题。西方经济秩序的缺陷，无论是20世纪30年代的经济危机，还是2008年之后的全球性的金融危机，都是因为所有的关键金融领域被私人所掌握和控制，政府没有足够的干预能力，在监控不严的情况下，市场被私人所操控，就出现了问题。同时，西方政府干预经济的手段远较中国政府弱。西方政府只有两个杠杆，即货币政策和财政政策。但这两个政策经常失效。当利率趋于零的时候，货币政策就无效了；当政府债务高筑的时候，财政政策就失灵了。和西方比较，中国政府不仅具有货币和财政政策，而且拥有一个庞大的国有部门来平衡市场经济。

但是这并不是说中国的经济制度就比西方的具有优势了。今天，很难在中国的经济体制和西方各种经济体制之间做一个价值判断。原因很简单，两者都可以以自己的方式实现市场和国家之间的平衡，但同时两者都会以自己的方式失去这种平衡。如果把中国和美国做一比较，就会看到两种不同的市场和国家关系。从概念上说，中国是“（政）府内市场”（market in state），而美国是“（市）场内国家”（state in market）。就是说，在中国，市场要服从政府原则，而在美国，政府要服从市场原则。当然，如果用马克斯·韦伯的话来说，这两个只是理论上的“理想类型”，也就是说在现实生活中找不到一个完全由政府主导的市场，或者一个完全由市场来主导的政府。事实上，即使在计划经济下，也会存在一定程度的市场，例如黑市和地下市场；即使在最典型的市场经济里，例如香港，政府对经济也会有一定的影响。从经验来看，在西方，如果市场占据绝对的主导地位，国家和社会没有有效的力量来平衡市场力量，那么危机必然发生。反之，在中国，如果国家力量占据绝对主导地位，没有市场和社会的力量来平衡国家力量，那么危机也必然发生。

对各国来说，问题在于，在处理政府和市场的关系时，如何在两者之间找到一个均衡点？在西方，政府从属于市场。尽管从总体上看，政府的经济功能在不断强化，但政府毕竟还是市场的一部分。无论是规制型国家（国家对市场进行规制）还是干预型国家（凯恩斯主义），政府和市场之间仍然有明确的边界，两者不能互相取代。但在中国，市场从属于政府。尽管改革开放以来，市场的空间在扩大，其功能也在不断强化，但市场还是政府的一部分。在很大程度上，市场只是政府实现其经济社会目标（或者政治工程）的一种工具。

在市场经济中，政府和市场之间存在着明确的边界，尽管在不同国家，两者之间的边界划在哪里是不同的。先发展国家和后发展国家之间存在着区别。总体上看，在后发展国家，政府的作用要比先发展国家的大。例如在欧洲，英国因为其最先得到发展，其自由市场的空间远较后发展的德国和法国大。不同学派的经济学家对这个边界应当划在哪里的看法也不同，这可以从亚当·斯密、马克思、凯恩斯和当代的不同经济流派的不同意见和主张中看出。但所有这些都不会妨碍政府和市场之间的边界。

从市场和政府的关系来说，和西方一样，中国也仍然处于探索过程之中。和西方相比，在中国的“（政）府内市场”模式下，市场存在并生活在政府规定的边界之中，政府和市场之间不存在明确的边界。如果国有部门占有了绝对的优势地位和政府对市场干预太过的时候，其劣势就会出现。或者说，一旦国家和政府占了绝对的垄断地位，以致市场作用不能发挥，就会出现问题。正因为这样，中国的经济秩序也处于改革过程之中。今天，中国的经济改革意在回答几个关键问题。

第一，国有部门的边界在哪里？国有部门要有个边界。国有部门不能无限地发展，不可以无限地去侵犯非国有部门的领域。要让两个领域保持相对平衡的空间，容许它们互相竞争。国有和非国有两部门之间的公平竞争很重要。

第二，政府和市场各自的职能和领域是什么？政府可以在哪些领域发挥作用，哪些领域政府应当发挥作用但是没有起到应有的作用，哪些它应该退出来的地方它没有退出来，这些问题都要弄清楚。像社会改革、社会保障、医疗保险、教育、环保等社会政策领域，政府显然都还做得不够。

第三，经济发展和社会发展之间平衡点在哪里？在很长时间里，政府只有经济政策，而社会政策贫乏不堪。在很多场合，都是用经济政策取代了社会政策。举个例子，在很多国家，社会保障、医疗卫生、教育和公共住房等领域都需要国家大力投入，但中国则不然。这些本来需要国家大力投入的领域往往成为暴富的领域。在社会政策没有确立的情况下，往往是通过牺牲社会的方法来谋求经济的高速发展。这样就使中国社会陷入了一个恶性循环：经济发展越快，社会被破坏得越厉害；社会越脆弱，经济发展越不可持续。

更为重要的是，如何改变国富民穷的现状？这种情况不改变，政府就会演变成学界所说的掠夺性政府。扶贫、提高劳动收入、改变产业结构（如鼓励发展中小型企业）、税收制度改革等都可以改变国富民穷的情况，实现社会公平。

很显然，中国经济秩序的大构架已经确立。尽管仍然进行改革，也会从西方学习一些制度要素，但很难演变成西方那样的经济秩序。正如这里所讨论的，这不仅因为这个经济秩序具有文明性，而且也是因为其在很多方面就有巨大的优势。

三、形成中的中国政治秩序：开放的一党制度

对重评亚洲价值观来说，形成中的中国政治秩序甚至比经济秩序更为重要。在前面的讨论中，我们可以看到两点。第一，有关东西方价值观的争论核心是政治秩序。第二，东亚社会在经济制度方面比较开放，善于向西方学习，但在政治制度的选择上比较保守。对亚洲社会的“经济开放”和“政治保守”这种现状的解释往往过于政治化和意识形态化。从经验上看，亚洲社会采用的这种混合型方式并非没有理性。这种方式是亚洲社会经济成功的经验。在当代，当一些亚洲社会开始有意识地西方化（尤其是美国化）的时候，就遇到了巨大的问题。在这个背景下，中国正在形成中的政治制度的意义就显现出来。

首先应当强调的是，无论从理论上还是实践上说，一种非西方的民主政治秩序是有可能的。我们可以把西方多党制看成是外部多元主义，不同的利益可以成立自

己的政党，通过政党来维护和增进自己的利益。而替代政治形式则相反，就是内部多元主义，它不容许不同的利益形成自己的政党，但可以设计不同的制度，把多元利益纳入一个体系之内，通过内部协调来维护和增进不同的多元利益。外部多元主义政治的开放性通过组建不同的政党来体现，正因为这样，各种政党也往往体现为排他性。而内部多元主义的开放性表现为这个体系本身的开放性，即包容各种不同的利益。

在经验层面，内部多元主义表现为一党独大制度。墨西哥的革命制度党，1929 年上台执政，直至 2000 年下台，但 2012 年又重新执政。日本的自民党 1955 年成立至今长期执政（只在 1993 年到 1994 年、2009 年到 2012 年失去政权）。新加坡的人民行动党是新加坡成立至今唯一的执政党。这些都是一党独大的民主。尽管反对党存在，但在政治生活中不能起到类似西方那样的作用。

这些政治体制都具有一些共同的特点。首先，这是一种精英政治，但是和西方大众民主时代的精英政治有所不同。西方政党往往是选举政党，只有到了选举的时候，政党机器才全面运作，也就是说，即使是同一政党的精英之间的互动也很少，精英之间的个人关系不是很重要。但在一党独大制度之下，党的机器以不同的方式一直在运作，政党精英之间的互动多，个人之间的关系也很重要。其次，在西方大众民主政治下，意识形态占据主导地位，不同政党代表不同意识形态。但在一党独大制度下，意识形态不再重要，政党的“意识形态”需要包容性，容纳不同的意识形态。再次，在西方大众民主下，不同的利益通过不同的政党表达出来，但在一党独大制度下，政党表现为开放性，因为只有开放才能容纳不同的利益和代表不同利益的精英。

不管是西方大众民主下的政党制度还是一党独大制度，其前提就是开放社会。开放社会就是多元利益社会，一个开放的社会需要一个开放的政治制度。但开放既可以通过西方式的多党制来表达，也可以通过一党独大制度来表达。开放不见得就是多党制，哪怕只有一个政党，但只要这个政党是个开放的过程，也能表达多元的利益。

一党独大制度产生于非西方国家，历史地看，也比较适合后发展国家的实际政治需要，即一种比发达国家更为集中的政治体制。这样的制度至少能够提供一个最低限度的政治秩序，保证政治和社会的稳定，推动社会经济的发展。的确，与大众民主下的政治制度相比较，一党独大制度呈现出相对集权的状况。这种状况主要是因为后发展国家的发展需要一种集权体制所造成的。民主化对一些过度集权的领域已经构成了挑战。不过，这些问题并非不能解决。随着这些国家经济发展水平的提高和社会的发育，可以通过不同的方法来解决这些问题。其一，可以进一步地横向分权，即容许和鼓励社会力量的成长和壮大，并把它们组织起来，以便把它们整合进不同的功能组织。其二，可以进一步地纵向分权，即赋予地方政府更多的权力，地方政府需要足够的权力来满足多元化的地方居民的需要。其三，缩小国家政治的范围，实行有限政治，同时拓展社会、经济、文化生活领域的自治权利。发展中国家的一个大问题就是政治权力毫无边际，深入各个角落。这种情况在早期发展过程中很有必要，但等社会、经济、文化等领域成长起来之后，放权和自治就变得更为重要。无论是横向分权、纵向分权还是自治，既是当代民主化的要求，也和一党独大制度没有必然的冲突。

尽管一党独大制度不是当代世界的政治主体，但它们已经提供了很丰富的经验，来弥补当代大众民主所存在的缺陷。更应当意识到，一党独大制度本身也在发展过程之中，它们或许最终会演变成西方式的大众民主，或许通过改进自己成为非西方民主政治的另一种制度选择。这些都是需要我们加以观察的。

改革开放以来，中国基本政党制度的结构没有大的变化，即仍然是一党执政的制度，但这个政党制度越来越呈现开放特征。尽管也存在着其他党派，但这些党派不是反对党，不是通过独立的政治过程对国家政治生活产生影响，而是通过参与到中国共产党所领导设定的政治过程对国家政治产生影响。在这个意义上，我们把中国的政党制度定义为开放的一党体制或者包容性政党体制。开放的一党制度属于前面所说的“内部多元主义”模式，即不同类型的精英都可以进入现存体制，分享政治权力。因此，政治过程是开放的，党内民主变得非常重要。同时，这种内部多元主义不要求政治人物诉诸于选票，因为领导人的产生更多的是依靠选拔，即贤能制度。这就可以避免极端的民粹主义。内部多元主义也能产生对权力的有效制约，例如通过内部的分权和制衡、主要领导人领导职务的限任制、年龄限制等。从经济社会层面来看，内部多元主义首先是把诸多的社会利益内部化，让它们进入现存体制内部，来协商解决。它不仅要考虑到一般意义上的人口的利益，而且要考虑到不同社会经济功能界别的利益。

无论从理论还是实践上说，内部多元主义就是要实现政治、经济（资本）和社会权力之间的均衡，从而使这三方面权力均衡。这使得政治、经济和社会能够在均衡条件下实现可持续的发展。前面已经论述过，西方民主目前所面临的问题，就是这三者之间的结构性失衡。全球化使得政府丧失经济主权，资本处于高度流动状态，无论是政府还是社会，都无法对资本的权力构成有效的制约。同时，“一人一票”的制度大大强化了社会权力，一方面促成政治人物走向民粹主义，同时通过“一人一票”的政治权力获得的“一人一份”的经济好处，更使得国家经济不堪重负。这三方的任何一方都想理性地把自己的利益最大化，但最终的结果是使得整个国家和社会的利益最小化。

开放的一党体制比较适合比较大的并且各地差异很大的国家。差异性很大的国家往往要实现两个互相矛盾的目标，即多元差异利益的平衡和整体社会的稳定。经验地看，中国开放的一党体制发展出了一些大众民主国家不存在的体制来保障多元社会利益的表达和社会的稳定。比如说，大众民主的重点在于“一人一票”和人口比例代表。因为发展中国家的社会比较分化，利益冲突突出，人口比例代表制往往会制造阶级冲突。今天泰国的情况就是这样。要避免这样的情况，有必要设立一些能够协调不同社会阶层或阶级利益的机制。从理论上说，中国的政协制度就可以成为这样一种机制，因为政协代表不同的功能界别、社会阶层和阶级。当然，政协制度还有待于完善和改进。其一，需要根据社会的变化来不断更改（增加或者减少）功能界别；其二，不同的功能界别内部需要民主化；其三，政协必须具有实际的政治权力，而不光是议政权力。

也很显然，正在形成中的这种开放型一党执政体制具有深刻的中国文明性。在传统中国，政治过程也是相当开放的。尽管皇权属于皇帝，但治权（或者相权）是向社会开放的，并且是高度制度化（官僚化）的。历史表明，治权越开放，国家治理就越有效。相反，当治权不够开放，皇权与治权的关系又处理不好的时候，就要发生政治危机。自近代西方力量侵入中国以来，中国的政治精英也曾经尝试西方式的制度，但失败了。之后，在长达半个多世纪的战争和革命过程中，传统的皇权慢慢地转型到了具有现代性的党权。不难发现，传统皇权和现代党权有很多共同之处，例如皇权和党权都是中国社会的整合力量，都是中国大一统文化的政治表现，都是贤能政治的制度承载。但是，党权具有现代因素，传统皇权则没有。皇权只可边缘化，不可民主化。党权则不然。党权既是现代中央集权制度的基础，但也可以实现民主化。有效的治理取决于党权的有效开放，向社会各个阶层、各种利益的开放。实际上，如前面所讨论的，在改革开放时代，中国政治上的成功源于开放，政治过程向社会阶层和利益开放。

在非西方世界，尤其是那些还没有步入西方民主的国家，中国的政治选择占据一个非常重要的位置。中国必须发展和建设自己的模式，而不是简单地像很多发展中国家那样，去照抄照搬西方民主模式。中国必须给自己一个机会，同时也给其他国家一个不一样的选择。不过，要强调的是中国模式不是反民主模式，而应当是一个民主改善模式。西方很多学者和政治人物，视中国模式和西方模式为对立面，好像中国是“反西方”的。这种观点还是“历史的终结”的观点，即认为西方自由主义民主是人类历史最后的政体形式。中国不学西方模式并不表明中国是“反西方的”，而只是意味着中国要确立自己的民主模式。再者，中国模式也并非要取代“西方模式”，而只是意味着“中国模式”可以成为西方之外的另外一种选择。

不管西方多么反对，中国仍然会追求自己的民主形式，一种基于自己的文明和价值观之上的民主。实际上，就民主来说，今天的世界已经呈现出了两大趋势，一是民主化，二是民主形式的多元化。不管西方世界多么反对非西方世界的民主形式，民主形式的多元化已经成为一个现实。这是一个开放和多元的世界，也必然是一个多元政治制度的世界。这里，重要的是多元政体的共存，而不是谁吃掉谁的问题。任何一个政体都需要竞争者，否则不仅很难进步，反而会急剧衰退。不同政治制度之间的竞争不可避免，在竞争中就会出现较好的政治体制。这是今天我们重新评估亚洲价值观的真正意义之所在。

图书在版编目（CIP）数据

中国崛起：重估亚洲价值观：珍藏版 / 郑永年 著. — 北京：东方出版社，2015.11
ISBN 978-7-5060-8809-1

Ⅰ.①中…　Ⅱ.①郑…　Ⅲ.①发展战略—研究—中国　Ⅳ.①FD60

中国版本图书馆CIP数据核字（2015）第288964号

中国崛起：重估亚洲价值观
（ZHONGGUO JUEQI:CHONGGU YAZHOU JIAZHIGUAN）

作　　者：郑永年
责任编辑：姬　利　王叶楠
出　　版：东方出版社
发　　行：人民东方出版传媒有限公司
地　　址：北京市东城区东四十条113号
邮政编码：100007
印　　刷：三河市中晟雅豪印务有限公司
版　　次：2016年1月第1版
印　　次：2016年12月第3次印刷
开　　本：787毫米×1092毫米 1/32
印　　张：5.75
字　　数：80千字
书　　号：ISBN 978-7-5060-8809-1
定　　价：35.00元
发行电话：（010）85924663　85924644　85924641